KB137665

세계 명문대학은 혁신을 멈추지 않는다

세계 명문대학은 혁신을 멈추지 않는다

발 행 | 2022년 3월 15일

지은이 | 박종문
펴낸이 | 신중현
펴낸곳 | 도서출판 학이사
출판등록 : 제25100-2005-28호
주소 : 대구광역시 달서구 문화회관11안길 22-1(장동)
전화 : (053) 554~3431,3432
팩스 : (053) 554~3433
홈페이지 : http:// www.학이사.kr
이메일 : hes3431@naver.com

© 2022, 박종문
이 책은 저작권법에 따라 보호받는 저작물이므로 무단복제를 금합니다.
내용의 전부 또는 일부를 이용하려면 반드시 저작권자와 학이사의 서면 동의를 받아야 합니다.

ISBN _ 979-11-5854-346-4 03300

* 이 도서는 금복문화재단의 지원을 받아 제작되었습니다.

4차 산업혁명에 따른 외국 대학의 혁신 현장

세계 명문대학은 혁신을 멈추지 않는다

박종문 지음

學而思 | 학이사

▪ 서문

세계는 지금 격변기에 있다. 모든 곳에서 세계화는 가속되고, 정보통신과 교통분야에서의 기술혁신은 생활권을 지구촌으로 넓히고 있다. 국가 간 상호 영향과 의존도는 급속히 높아지고 있다. 빈곤이나 분쟁, 감염증이나 환경 문제, 에너지 절약 문제 등은 전 지구적인 과제가 됐다. 여기에다 4차 산업혁명의 파도가 밀려오면서 인류는 전혀 낯선 환경에 직면해 있다. 자라나는 아이들의 65%는 대학 졸업 후 지금은 존재하지 않는 직업에 종사한다고 한다. 앞으로 10~20년 사이 47% 정도의 일자리가 자동화될 가능성이 높다고 학자들은 예측하고 있다. 2030년이 되면 주 15시간 근무를 보편화한다고 한다. 산업혁명 후 지속돼 온 인류 삶의 패턴이 송두리째 바뀌는 것이다.

앞으로 인류에게 닥칠 미래에 대한 예측을 종합해 보면 세상의 변화는 예상보다 훨씬 빠른 속도로 진행되고 있다. 미래 직업은 불투명하며, 생활환경 변화는 예측도 쉽지 않을 정도로 변화 폭이 크다. 지금과 같은 교육으로는 더 이상 지식발전도, 인재육성도 기대하기 어렵다. 이 때문에 세계 각국은 생존 차원에서 대대적인 교육혁신에 나서고 있다. 특히 대학혁신에 국가자원 배분을 늘리기 시작했다.

이 책은 4차 산업혁명을 맞아 대학혁신에 나서고 있는 외국 대학 사례를 모은 것으로 국내에서는 좀처럼 접하기 어려운 내용들이 많다. 조심스럽지만 책을 출판해야겠다고 결심하게 된 배경이기도 하다. 4차 산업혁명을 주도하기 위해 이미 현실화되고 있는 대학혁신을 주제로 4개 국가 15개 대학과 저명한 세계적 연구소(이스라엘 와이즈만연구소), 직업훈련학교(독일 뮌헨기계기술직업학교), 국가(이스라엘 고등교육위원회) 및 지방자치단체(독일 바이에른주) 대학(고등교육) 책임자 등을 직접 인터뷰해 책으로 엮었다.

이 책은 전 세계 대학혁신의 선도적인 흐름을 이해하면서도 우리나라 대학과도 비교 가능하도록 4개 나라의 다양한 대학들을 소개하고 있다. 많은 나라의 대학을 살펴보면 좋겠지만 대표성 있는 4개 나라 대학을 다녀왔다. 현재 4차 산업혁명을 선도하고 있는 미국, 독일, 이스라엘, 일본의 대학들이다.

이들 4개 국가는 대학경쟁력 향상이 곧 국가경쟁력 강화로 이어진다는 인식을 바탕으로 일찌감치 대학혁신에 나서서 21세기 주도권을 잡으려 하고 있다.

미국은 전 세계대학 가운데 톱 10에 드는 대학이 8~9개에 이를 정도로 압도적인 대학경쟁력을 자랑하고 있다. 대학 역사가 길지 않음에도 불구하고 세계 정상급 대학으로 성장한 배경을 알아봤다.

독일은 현재 누가 4차 산업혁명을 주도할 것인가를 두고 미국과 치열하게 프레임 전쟁을 벌이고 있는 국가다. 독일 경제발전의 밑바탕에는 탄탄한 연구력을 가진 독일 유수 대학이 있음을 모르는 사람은 없을 것이다. 독일은 대학연구력을 기반으로 국가경쟁력을 끌어

올리고 있는데 그 배경을 이 책에 담았다.

특별하게 주목한 나라는 이스라엘이다. 이름난 대학이 많은 나라가 여럿 있지만 이스라엘 대학만큼은 꼭 살펴보고 싶어서 선택했다.

이유는 이스라엘이 창업국가로 불리게 된 것이 대학창업에 뿌리를 두고 있기 때문이다. 4차 산업혁명 관련 전 세계 창업을 주도하고 있는 이스라엘의 실상을 통해 우리나라가 가장 부족한 대학창업 시스템을 보완하기를 바라는 마음에서다.

마지막으로 일본은 우리나라와 환경이 가장 비슷하다는 점에서 좋은 반면교사가 될 것으로 본다. 우리보다 사회 흐름이 분야별로 10~20년 빨라 일본 대학의 혁신현장을 살펴보면 우리 대학이 나아갈 길을 반추해 볼 수 있다고 생각한다.

이 책은 이들 4개 국가 가운데에서 주로 그 나라의 역사문화 전통이 살아있고 교육도시로 불리는 지역에 있는 대학들을 골랐다.

미국은 미국대학의 탄생지라 할 보스턴 지역에서 뉴헤이븐을 거쳐 뉴욕에 이르는 대학을 선택했다. 보스턴에서는 우리가 너무나 잘 알고 있는 세계 최고의 공과대학이라 할 MIT를 비롯 매사추세츠주립대 애머스트, 전 세계에서 가장 혁신적인 공대로 불리는 올린공대를 취재했다.

이어 미국 북동부에 있는 8개의 명문 사립대학을 일컫는 소위 아이비리그Ivy League에 속한 미국의 초일류대학인 뉴헤이븐의 예일대와 뉴욕의 컬럼비아대학을 찾아갔다.

독일은 주로 남부지역 유서 깊은 대학들을 소개한다. 독일 최초의 대학이라 할 바덴뷔르템베르크주 하이델베르크시의 하이델베르크대학, 바덴뷔르템베르크주의 튀빙겐대학, 바이에른주 주도인 뮌헨의 뮌헨공대를 소개한다. 하이델베르크대학에서는 베른하르트 아이텔 총장을 직접 만나 인터뷰했으며, 튀빙겐대학은 파독광부 1.5세로 이 대학 한국학과 학과장인 이유재 박사를 만나 튀빙겐대학의 혁신정책과 튀빙겐대 한국학과의 성장 과정을 자세히 들을 수 있었다. 독일을 대표하는 9개 공대(TU-9) 가운데 규모가 가장 큰 뮌헨공대에서는 1990년대 일찌감치 창업대학으로 변신한 스토리를 들을 수 있었다.

독일에서는 또 지방자치단체의 대학육성정책을 살펴보기 위해 미하엘 미하취 바이에른주 교육정책 국장을 인터뷰했으며, 독일이 자랑하는 직업교육 시스템을 살펴보기 위해 특별히 뮌헨직업학교 군터 파 교장을 만나 취재한 내용도 자세히 소개한다.

이스라엘에서는 우선 대학정책을 총괄하는 고등교육위원회 기획예산위원회 위원장인 야파 질버샤츠 교수를 만나 인터뷰했다. 이스라엘이 대학정책을 교육부가 아닌 전현직교수 20여 명이 위원으로 참여하는 고등교육위원회에서 결정을 하고, 국회로부터 6년 단위로 예산을 받는 배경을 자세히 들을 수 있었다.

이스라엘 대학 가운데 가장 역사가 깊고 최고의 명문대로 꼽히는 히브리대에서는 애셔 코헨 총장을 만나 인터뷰했다. 또 게임 체인저라 불리는 테크니온공대에서는 창업선도대학의 체계적인 시스템을 집중적으로 취재했다. 이스라엘에서 가장 국제적인 대학이라 할 텔아비브대에서는 특히 융합연구와 기술상업화에 대해 소개한다. 이스라엘 편에서는 세계 3대 연구소의 하나인 와이즈만 연구소도 특별히 취재했다. 와이즈만 연구소 파인버그대학원 이릿 사키 학장을 만나 경쟁력 근원에 대해 자세히 알아봤다.

일본 편은 도쿄대와 쌍벽을 이루면서 많은 노벨수상자를 배출한 교토대, 세계화에 나서고 있는 오사카의 명문 사립대인 리쓰메이칸대학 이바라키캠퍼스, 경쟁력 있는 경영학부를 자랑하는 시가대학, 히로시마의 명문 사립대인 슈도대학을 취재했다.

이들 4개 국가 대학 취재에는 꼬박 13개월이 걸렸다. 미리 이메일 등으로 취재 날짜는 물론 인터뷰 대상과 인터뷰 내용 등을 사전에 조율하면서 한 나라 대학 취재 준비 기간만 한 달이 넘었다. 현지 대학에 가서 대학 관계자와 직접 인터뷰를 하는 형식으로 취재를 했다.

앞서 잠시 언급했지만 운 좋게도 일본에서는 다카노리 미카미 히로시마 슈도대 총장, 독일에서는 베른하르트 아이텔 하이델베르크대 총장, 이스라엘에서는 애셔 코헨 히브리대 총장, 미국에서는 마크 소머빌 올린공대 프로보스트PROVOST 등 각 나라마다 한 대학은 총장급을 직접 인터뷰하는 기회를 가졌다. 미리 인터뷰 대상자를 조율하면서 적어도 각 나라마다 총장은 한 번씩 인터뷰하겠다는 욕심으로 부단히 노력한 결과물이다. 이들 대학 총장 모두가 한국 신문기자를 상대로 인터뷰한 것은 처음이라는 말을 듣고 뿌듯한 마음이 들기도 했다.

한마디 덧붙이자면 이들 나라 대학 취재를 통해 한국에 대한 이미지가 좋고 잘 형성돼 있다는 점을 확인했다. 한국 유학생들의 성실성을 높이 평가하고 있었으며, 우리나라 대기업들의 글로벌 플랫폼으로의 성장, 한국의 역동성에 대해 잘 이해하고 있었다. 좀 더 많은 대학생 교류를 희망하고 있는 점도 느낄 수 있었다. 사전에 어느 누구의 소개도 없이 불쑥 이메일로 취재를 요청한 기자에게 취재와 인터뷰에 응해준 배경이기도 했다.

이 책이 외국대학의 혁신적인 사례를 압축적으로 설명하고 있지만 그 대학의 모든 것을 담고 있는 것은 아니다. 국가별로 전반적인 흐름을 살펴보고 대학혁신의 방향이 어느 쪽으로 향하는지 전반적인 내용을 살펴보는데 아주 유용한 내용을 담고 있다는 점을 밝혀둔다. 국내대학이 혁신을 고민하고 있는 부분에 대해 일정 부분 방향을 제시하는 내용을 담고 있다. 대학혁신이 왜 필요한지, 어떤 관점을 가지고 혁신 방향을 잡아야 하는지에 대해 판단할 근거를 제시하고자 노력했다.

이 책의 외국대학 혁신사례를 읽으면서 국내대학이 국제경쟁력이 한참 뒤처진다는 인식으로 귀결되지 않기를 독자들에게 당부한다.

이 기획은 당초 우리나라 대학이 혁신 필요성에도 불구하고 현실적인 장애물로 더디게 진행되는 것이 안타까워 외국사례를 소개하면 국내대학 혁신성이 좀 더 나아지지 않을까 하는 기대감에서 출발한 것은 맞다. 외국대학은 혁신이 잘 진행되는데 우리 대학은 왜 진전이 늦은지를 직접 취재를 통해 살펴보기로 한 기획이었다.

하지만 모두들 알다시피 국내대학과 외국대학의 단순 비교는 무리다. 우리나라가 여러 가지 분야에서 국제적인 경쟁력을 갖고 있듯이 국내대학 경쟁력 또한 그리 낮은 수준은 아니다.

그렇다고 국내대학이 국제경쟁력을 확보하고 있다는 이야기도 아니다. 흔히 하는 비교로 OECD 국가 가운데 우리나라 대학 경쟁력은 그리 높지 않다. 우리나라 전체 교육비 투자는 OECD 평균을 상회하고 있지만, 대학(고등교육)에 대한 투자는 OECD 평균 이하다. 거기에다 우리나라는 사립대 비중이 압도적으로 높아 학생들의 학비 부담이 만만찮다. 우리나라같이 일정 부분 대학 경쟁력을 갖고 있는 상태에서 앞서 소개한 나라들의 대학 경쟁력만큼 끌어올리기 위해서는 무엇보다 지금보다 재정이 더 투입돼야 한다는 점을 강조한다.

그리고 4차 산업혁명의 도도한 물결이 밀려오고 있는 상황에서 현실에 안주해서는 경쟁력이 뒤처질 수밖에 없다는 점도 대학에 강조하고 싶다.

지금부터가 우리나라 대학들에게는 역사상 가장 중요한 변곡점이다. 4차 산업혁명과 코로나19, 학령인구 감소라는 낯선 삼각 조류가 한꺼번에 닥치면서 우리나라 대학은 새로운 혁신에 나서야 할 시점이 다가왔다. 부족함이 많지만 책으로 엮어야겠다고 결심한 근본적인 이유이기도 하다.

2015년 5월부터 대학 담당기자를 하면서 조그만 결과물을 내게 돼 다행이라고 생각한다. 특히나 코로나19가 발생하기 불과 몇 달 전에 취재일정이 마무리된 것은 천만다행이었다.

이 책이 대학혁신의 길목에서 조그만 빛이라도 비출 수 있기를 기대한다. 기획과 취재에 도움을 주신 국내외 관계자분들께 진심으로 감사드린다.

2022년 3월

박종문

Contents

2
독일 대학 혁신

Contents

3
이스라엘 대학 혁신

4
미국 대학 혁신

PART 1

일본 대학 혁신

일본의 고등교육 정책

교토대학교

슈도대학교

시가대학교

리츠메이칸대학교

일본의 고등교육 정책

온갖 난관에 직면

일본 인구는 2008년을 정점으로 감소세로 돌아서 2030년까지 20~30대 젊은 세대가 약 20% 감소하는 것으로 예측되고 있다. OECD는 일본의 65세 이상 인구가 전체 인구의 30%를 넘어 생산연령인구 비율이 가맹국 중 최하위가 될 것으로 전망했다. 특히 65세 이상 인구 가운데 75세 이상이 다수를 차지해 '간병' 문제가 심각한 사회문제로 대두되고 있다.

반면 초·중·고 학생 수는 모두 최근 감소세다. 2017년 조사에서 고등교육기관(대학) 진학 연령인 18세 인구는 현재 약 120만 명에서 2032년에는 처음으로 100만 명을 밑도는 약 98만 명이 되고, 2040년에는 약 88만 명으로까지 감소할 것으로 추산됐다. 인구이동 면에서는 도쿄 일극一極 집중 추세가 가속화해 전체 인구의 4분의 1이 도쿄권에 살고 있다. 반면 인구감소와 대도시 이주로 인해 지방공공단체의 소멸 가능성이 제기되고 있다.

여기에다 2030년쯤에는 IoT(사물인터넷), 빅데이터, AI(인공지능) 등을 비롯한 기술혁신이 한층 진전돼 사회나 생활을 크게 바꿔 갈 것으로

일본 간사이 지방 4대 사립대 가운데 하나인 리츠메이칸(立命館)대학의 오사카 이바라키 캠퍼스(OIC) A동 전경. 2015년 완공된 새 건물인 데다 깔끔하게 지어져 호평을 받고 있다. 시민이 이용할 수 있도록 많은 편의시설을 갖췄다.

보여 이에 대한 대비가 필요한 상황이다. 한편으로는 국민이 바뀐 환경에서 살아갈 수 있도록 교육을 강화해야 하고, 또 한편으로는 뒤처진 4차 산업혁명 산업경쟁력을 끌어올려야 하는 과제에 직면한 것이다.

일본의 이러한 문제에 대해 종합적으로 대응하고 비전을 제시한 것이 소사이어티Society 5.0이다. 일본은 2016년 수립된 5기 과학기술기본계획에서 소사이어티 5.0을 발표했다. 인구감소, 초고령화사회, 그리고 4차 산업혁명으로 인한 삶의 변화에 능동적으로 대처할 수 있는 종합계획을 담았다.

소사이어티 5.0이 추구하는 인재상은 인간의 강점인 현실세계를 이해하고 의미있게 만들 수 있는 감성·윤리관, 대립적인 견해를 조정하는 능력, 책임감 등으로 규정했다. 따라서 학교 수업은 독해력 등 기반적인 학력을 확실히 습득시키면서 다양한 학습 프로그램을 통해 개성을 발전시켜야 한다고 지적했다. 더불어 과학적 사고, 통찰력, 호기심, 탐구력을 갖춰 새로운 사회를 견인하는 인재를 육성해야 한다고 강조했다. 이를 통해 해답 없는 문제에 대한 분석 및 대처능력을 향상시켜 불확실한 미래에 대한 적응력을 키우려는 것이다.

일본 일반대학(4년제)은 인문계 50%, 이공계 20%(12만 명), 보건계 10%, 교육·예술계 20%를 점유하고 있다. 이공계 비중이 독일(40%), 핀란드·한국(약 30%) 등보다 훨씬 낮다. 이에 따라 '공정하고 개별적으로 최적화한 배움'을 실현하는 다양한 학습의 기회와 장소 제공, 기초적 독해력, 수학적 사고력 등 기반적인 학력이나 정보활용 능력의 모든 학생 습득, 문·이과 융합 또는 통합교육 등이 필요하다고 강조했다.

학생 능력이나 적성에 따라 개별적으로 최적화한 배움의 실현을 위해서는 다양한 프로그램을 도입하기로 했다. 또 어휘의 이해, 문장의 구조적인 파악, 읽기, 계산력이나 수학적인 사고력 등 기반 학력 신장을 위해 학습지도 방법을 개선했다. 나아가 인문계 학생이 확률·통계와 기초적인 프로그래밍을 배우고, 이과 학생은 인문·사회분야를 필수과목으로 하는 지침을 마련했다. 더불어 AI 전문 인재의 육성, 데이터 사이언스 교육의 확대·강화, 글로벌교육 강화 등도 필요하다고 덧붙였다.

대학교육 개혁

일본의 교육개혁은 3차 기본교육진흥기본계획(2018~22년)에 다 담겨 있다. 지난 10년간 국립대 법인화와 사립대 정원감축 및 학과개편을 유도해 온 문부과학성은 이번 3차 교육진흥기본계획 기간 중에는 대학의 국제경쟁력 확보와 지방대의 지역밀착 강화라는 큰 흐름 속에서 다양한 개혁 프로그램을 가동하고 있다.

우선 국립대는 비용, 편익을 계산해서 확실한 결과를 내는 방향으로 특성화를 유도하고 있다. 이를 위해 크게 세 가지 모델로 발전방향을 제시했다. 첫째 대부분의 지방 국립대는 지역밀착을 강화해 지역문제 해결의 혁신기관으로 자리매김하도록 할 방침이다. 이는 인구감소와 고령화로 침체를 겪고 있는 지방의 상황을 감안해 대학이 학생교육뿐만 아니라 평생교육, 재교육, 사회교육 기능을 담당하게 하려는 취지다. 또 지역에 필요한 인재를 육성해 지역에 취업시켜 산업생산력을 높이고 정주인구도 늘어나도록 한다는 방침이다. 지역에 필요한 인력 공급을 위해 학과 개편을 유도하고, 학령인구 감소에 대응해선 국립대-국립대, 국립대-사립대, 사립대-사립대 협력 및 통·폐합을 유도하고 있다.

둘째는 공업대·예술대 등 특성화 대학은 광역권 또는 전국적 경쟁력을 갖도록 업그레이드한다. 특성화도 좀 더 경쟁력을 가질 수 있도록 차별화한 방향으로 유도하기로 했다. 경쟁대학과 유사한 대학이 아닌 유일한 대학, 독특한 대학으로 발전할 수 있도록 재정지원책을 펴고 있다.

마지막 모델은 최일류 우수대학 육성이다. 이들 대학은 국제경쟁력을 가질 수 있도록 문부과학성에서 중점 지원한다. 도쿄대·도쿄공업대·가쿠인대·교토대 등 5개 국립대는 중점지원 대학으로 지정됐다. 문부과학성은 이와 함께 도쿄대·교토대·오사카대·와세다대 등 일본 13개 대학을 세계대학 랭킹 100위권 내로 진입시킨다는 야심찬 계획을 세웠다. 또 가나자와대를 비롯한 국립 10곳, 공립 2곳, 사립 10곳 등 모두 24개 대학을 글로벌화 견인형 학교로 지정했다.

종합교육정책국

일본 문부과학성은 2018년 10월 교육 분야 최대 국局으로 종합교육정책국을 신설했다. 인생 100년 시대, 슈퍼 스마트 사회(Society 5.0), 세계화와 인구감소 등으로 직면하게 될 교육환경 변화에 적극 대처하기 위해 대규모 부서를 신설한 것이다. 국의 명칭에서 보듯 학교교육·사회교육을 통한 교육정책 전반을 종합적·횡적으로 추진한다. 종합 교육정책을 입안하고 집행·평가·개선한다. 종합교육정책국에는 정책과, 교육개혁·국제과, 조사기획과, 교육인재정책과, 평생학습추진과, 지역학습추진과, 남녀공동참가공생학습사회학습·안전과를 두고 있다.

특히 사회교육진흥총괄관을 배치한 것이 눈길을 끈다. 일본은 그

동안 사회가 시스템적이고 안전한 탓에 평생교육 수요가 다른 나라에 비해 많지 않고 지금도 많이 부족한 실정이다. 하지만 이번 개편을 통해 평생학습사회 실현을 위한 사회교육 진흥에 적극 나선다. 4차 산업혁명으로 인한 변화된 사회에 적응하기 위한 교육, 지방 유지를 위한 지역사회 교육, 나만이 아닌 함께 사는 법을 배우는 교육 등을 위해서다. 종합교육정책국은 물론 문화청, 스포츠에이전시, 학교교육 담당부서 등과의 업무연계를 위해 사회교육진흥총괄관을 배치한 것이다.

일본 입시제도 변화

일본은 대학입시에 주관식(기술식) 문제를 출제하기로 결정했다. 기존의 대학입학 센터시험(일본의 수능시험)을 폐지하고, 2020년도(2021년 1월 시행)부터 대학입학공통시험을 새롭게 도입한 것이다. 대입 주관식 문제 도입은 일본 교육진흥기본계획의 핵심 가운데 하나다. 일본은 미래사회에 필요한 인재 육성을 위해서는 고교교육과 대학교육의 연계 발전방안이 필요하다고 보고 패키지 제도 개선안을 내놨다. 즉 고교교육 개편, 대학입시제도 개선, 대학교육과정 개편을 함께 추진하기로 한 것이다.

2020년도부터 시행된 대학입학공통시험의 가장 큰 특징은 국어·수학 과목에 주관식 문제를 도입하는 것이다. 도입 첫해 국어 시험시간은 지금보다 20분 연장된 100분으로 하고, 답안은 세 가지 유형의 주관식 문제가 출제될 것으로 보인다. 수학도 시험시간을 10분 연장해 70분으로 하고, 세 개의 주관식 문제를 출제한다. 채점은 3~5단계로 평가하는 방안이 검토되고 있다. 1차적으로 민간업체에

도쿄대와 함께 일본 대학 랭킹 1~2위를 다투는 교토대 캠퍼스.

위탁해 채점하고 이를 대학입시 주관기관인 대학입시센터에서 확인·점검해 점수를 산출할 것으로 보인다.

영어는 기존의 독해와 듣기 평가에서 말하기와 작문능력까지 종합적으로 측정한다. 이를 위해 대입 영어 평가는 민간시험으로 대체하는 방향으로 논의가 진행 중이다. 수험생은 토플과 토익 등 공인된 23개 민간 영어시험 가운데 그해 본인이 응시한 시험으로 학력평가를 받을 것으로 보인다. 하지만 영어 평가를 민간시험으로 대체하는 것에 대해 많은 논란이 제기되고 있다. 시험 난이도와 평가방법 등이 천차만별이어서 공정한 평가가 될 수 있는가에 대한 의문이 있기 때문이다. 상대적으로 지방학생이 불리하다는 여론도 많다. 그럼에도 불구하고 일본 문부과학성은 예정대로 시행할 방침임을 밝히고 있다. 나아가 일본은 향후 주관식 출제 과목도 늘리고, 국어와 수학의 주관식 문제 비율도 차츰 늘려나갈 방침이다.

또 지금까지 대학입학 센터시험이 필요 없었던 입학사정관에 의한 추천입학도 대학입학공통시험을 치르게 했다. 이는 입학사정관에 의해 입학한 학생들의 학력수준이 기대 이하인 경우가 많다는 분석에 따른 것이다. 대학수학에 필요한 최소한의 학력 검증을 위해 대학입학공통시험 성적을 요구한 것이다.

시가대학 전 입학처장 김병기 교수는 "일본이 학생 학업부담 가중과 대학입시 공정성 논란에도 주관식 시험을 도입하기로 한 이유는 자명하다. 점점 치열해지는 국제 경쟁 속에서 국가경쟁력을 확보하고 개인의 생존과 행복한 삶을 영위하기 위해서는 지식기반 사회에 적응할 수 있는 능력을 키워야 한다는 것"이라고 설명했다. 대학입시에 있어 공정성보다는 수험생의 질적 수준 향상으로 무게 중심을 기울인 일본의 선택이 과연 어떤 효과를 가져올지 귀추가 주목된다.

2030년 대입연령 인구 12% 감소로 엄격한 정원 관리 돌입

일본의 대학정책 초점은 1차적으로 2030년에 맞춰져 있다. 문부과학성 2030계획은 여러 가지 정책목표가 있지만 그 가운데 중요한 것이 인구감소에 따른 대학입학 정원 대량 미달사태에 대응하는 것이다. 일본정부가 2016년과 2030년을 비교한 자료에 따르면 이 기간 대학입학연령인 18세 인구는 12% 감소하는 것으로 나타났다. 2016년 현재 18세 인구는 119만 262명이고 이 가운데

61만 8천423명이 대학에 진학했다. 반면 2030년 18세 인구는 104만 7천836명으로 줄어들 것으로 예측됐다. 대학진학자는 55만 2천970명으로 대학정원에 1만 6천560명이 부족할 것으로 분석됐다. 전국 대학 평균 정원충족률이 2016년 104.3%에서 2030년 93.3%로 11% 포인트 줄게 된다.

문제는 이 기간 대도시지역에 비해 지방의 인구감소폭이 더 커 지방대학 생존에 빨간불이 켜졌다는 점이다. 일본정부가 47개 도도부현都道府縣지역을 분석한 결과에 따르면 2030년 대학 정원 100%를 채우는 지역은 도쿄시(101.7%)와 오키나와현(107.6%) 두 곳밖에 없다. 하지만 오키나와현 지역대학의 입학정원은 4천 명도 안 돼 사실상 도쿄를 제외한 전 지역에서 대학정원을 채우기가 불가능한 상황에 처한 것이다. 특히 아오모리현(70.4%), 후쿠시마현(74.9%), 아키타현(76.9%), 이와테현(78.1%) 등은 80%를 밑돌 것으로 분석됐다. 이는 대학별이 아닌 행정구역 단위로 분석한 자료라는 점에서 지방대학 중 사실상 폐교 위기에 직면한 대학은 더 많을 것으로 전망된다.

이에 따라 일본 문부과학성은 엄격한 정원관리에 들어간 상태다. 일본은 그동안 엄격한 정원관리를 하지 않아 국립대의 경우 10%, 사립대는 학과에 따라 최대 30%까지 정원을 초과해 모집하기도 했다. 현재 일본정부는 초과모집 정원을 전체 5% 이하로 제한했으며, 궁극적으로는 아예 없앨 방침이다. 이를 어길 경우 재정지원에 불이익을 주거나 추가등록금을 국가에서 회수하기로 했다. 또 도쿄 23구區 내 대학은 정원 동결조치를 취했다. 일본정부의 이 같은 조치는 학생모집이 상대적으로 유리한 대도시지역 대학과 명문대 정원을 엄격하게 관리해 지방대학의 충격을 조금이나마 완화하기 위함이다.

일본 전문직대학 3곳 지정

일본은 전문직업인 양성을 위해 새로운 고등 교육기관으로 2019년 4월 개교한 전문직대학(4년) 2곳과 전문직단기대학(2~3년) 1곳 등 모두 3곳의 전문직대학을 2018년 10월 허가했다. 심사과정에서 14개교가 신청을 취하했고, 2개교는 심사 보류될만큼 엄격한 실사과정을 거쳤다.

전문직대학은 고치현高知縣 도시시土佐市 소재 고치학원의 고치재활대학, 도쿄도 신주쿠구 소재 일본교육재단의 국제패션전문대학 2곳이고, 전문직단기대학으로는 도쿄도 시부야구 학교법인 야마자키학원의 야마자키동물간호전문직단기대학 1곳이다.

이들 전문직대학·전문직단기대학은 실천적인 직업 교육을 실시하는 새로운 고등교육기관이다. 기존 대학은 학문적 색채가 강한 교육을 하는 경향이 강한 데 비해 이들 전문직대학·전문직단기대학은 실천적인 직업교육을 실시해 '스페셜리스트'를 육성한다. 또 지역의 산업 요구에 대응한 한편 4차 산업수요에 맞춰 특정 직종의 전문성에 그치지 않는 폭넓은 지식 등을 교육하도록 했다.

최신·첨단의 생생한 지식·기술을 가르치기 위해 필요한 전임교원의 40% 이상을 실무자 교원으로 하도록 했고, 동시에 수업을 하는 학생 수는 원칙적으로 40명 이하로 제한했다. 또 산업계 등과 긴밀히 연계한 '실천적' 교육과정을 편성했다. 졸업 학점의 약 30~40 % 정도 이상이 실습 등의 과목으로 편성된다. 또 장기 기업의 실습 등을 4년제 과정 20 단위 이상, 2년제 과정에서 10학점 이상 이수 할 것을 요구하고 있다. 일반대학은 학사와 단기대학사 학위가 수여되는 데 비해 전문직대학은 전문직학사와 전문직단기학사 학위가 주어진다.

고치전문직대학은 재활학부 재활학과에 이학요법학전공理學療法學專攻 70명, 작업요법학전공作業療法學專攻 40명, 언어청각학 전공言語聽覺學專攻 40명 등 모두 150명의 입학정원을 허가받았다.

일본패션전문직대학은 국제패션학부에 도쿄캠퍼스에는 패션크리에이션학과 80명과 패션비즈니스학과 38명·2학년 편입학정원 2명 등 120명, 오사카 패션크리에이션 비즈니스학과 38명·2학년 편입학정원 2명 등 40명, 나고야 패션크리에이션 비즈니스학과 38명·2학년 편입학정원 2명 등 40명으로 모두 200명 모집정원이다. 전문직단기대학인 야마자키동물간호전문직단기대학은 동물토탈케어학과 80명 정원이다.

고도古都 교토에 위치한 교토대학교

노벨상 수상자 17명 배출 비결

일본의 고도古都 교토에 위치한 교토대학교는 자타 공인 일본 최고 명문으로 1897년 개교했다. 1949년 일본 최초의 노벨상 수상자인 유카와 히데키 교수를 비롯해 2018년 노벨 생리의학상 수상자 혼조 다스쿠 특별교수 등 지금까지 17명(동문 포함)의 노벨상 수상자를 배출했다.

학부생 1만 3천여 명, 대학원생 9천300여 명에서 보듯 학문연구 기능이 강한 대학이다. 교직원은 5천500명 정도이며 캠퍼스는 요시다 캠퍼스, 우지 캠퍼스, 가츠라 캠퍼스가 반경 10㎞ 내에 있다. 요시다 캠퍼스가 본캠퍼스다.

2019년 QS세계대학순위가 35위로 도쿄대(23위)에 이어 일본 2위를 차지했다. 2018년 Times Higher Education(THE) 랭킹은 일본 1위다. 전체적으로 도쿄대에 밀린다는 평가를 받고 있지만 도쿄대와 쌍벽을 이룬다.

· 교토대 법경건물 본관.
· 교토대 캠퍼스 풍경.

연구 자체가 목적

데이비드 하지매 코네이저 국제홍보실장.

매년 10월 노벨상 수상자 결정 시즌이 되면 교토대 정문 도로변에는 방송국 중계차량이 진을 친다. 학교 한 연구실에서는 정장에 넥타이를 맨 교수가 노벨상 수상 소감을 다듬고 있고, 대학 홍보실은 기자회견장을 마련한다. 교토대 소속 수상자가 발표되면 곧바로 기자회견을 하기 위해 대학, 후보자, 언론이 모두 미리 준비하고 있는 것이다. 이런 모습이 연례행사가 될 정도로 교토대는 매년 노벨수상자 후보를 배출하고 있다. 그 경쟁력은 어디서 나오는 걸까.

데이비드 하지매 코네이저 국제홍보실장은 "노벨상 수상을 목표로 연구하는 연구자는 한 명도 없다."고 단언했다. 교토대 연구자들은 목적을 갖고 연구하는 게 아니라 연구 자체에 목적이 있다고 코네이저 실장은 강조했다. 자신의 연구를 좇아가는 자세, 연구의 즐거움을 추구하는 것이다. 2018년 노벨 생리의학상 수상자 혼조 다스쿠 교수도 단기성과가 아닌 수십 년에 걸친 연구성과가 합쳐져서 결실을 본 것이라고 말했다.

연구자들은 새로운 현상을 발견한 후 인간에게 어떤 영향이 있는지, 어떤 분야에 사용될 수 있는지를 오랜 시간 연구하고 있다. 교토대 연구자 가운데는 66년 동안 암흑 속에서 연구를 진행하고 있기도

하고, 50년 동안 바다만 관찰하면서 새로운 발견을 한 학자도 있다. 단순한 호기심에서 출발한 연구가 의미 있는지 없는지조차 알 수 없고, 어떤 결말이 날지도 모르고, 인간에게 유용한지 아닌지도 모르지만 오랜 시간 데이터가 쌓이고 분석 결과가 더해지면서 누구도 따라올 수 없는 성과를 낸다는 것이다.

코네이저 실장이 알고 있는 한 대학원생은 논문을 쓰기 위해 10년 동안 데이터를 모으고 있다고 한다. 그 연구과제를 지도하는 교수도, 이를 받아들이는 학생도 상식적으로는 이해하기 어려운 부분이 많다는 설명이다. 이런 연구는 기초연구분야가 더 활발하고, 연구의 출구나 성과가 없는 상태에서도 진행되고 있다. 그래서 많이 실패하기도 하지만 누구도 할 수 없는 연구업적을 쌓기도 한다는 것이 코네이져 실장의 설명이다.

자유스러운 학풍

교토대 졸업식은 엄숙함과는 거리가 멀다. 학생들이 온갖 치장을 하고 나타난다. 졸업식이라기보다는 코스프레 현장을 방불케 한다. 저마다 독특한 장식으로 자유분방함을 만끽하는 것이다. 또 구마노기숙사 학생들은 1년에 한 번 학교 상징인 시계탑 건물 점거에 나선다. 이 건물은 과거 총장 집무실이 있던 곳으로 학생들은 자유학풍을 지키려는 의지의 표현으로 이 같은 이벤트성 행사를 진행하고 있다. 학생자치가 억압돼 가고 있는 것에 대한 일종의 저항이자 '자유학풍'을 지키려고 하는 몸부림이다. 점거 시도 소식이 알려지면 대학 홍보과 직원들은 스크럼을 짜 인간벽을 만들고 학생들이 시계탑을 점거하지 못하도록 제지하는 퍼포먼스를 한다.

교토대의 자유학풍은 학교 그 자체라 할 정도로 뿌리 깊고, 교수·학생·직원들의 피 속에 흐르고 있다. 교토대를 대표하는 상징이다. 생각의 자유, 학문의 자유, 학사운영의 자유 등 모든 분야에 자유학풍이 녹아 있다. 특히 교토대는 연구분야에서 교수와 연구자들에게 상당한 자율성을 보장한다. 발상과 연구에 대한 자유가 많은 편이다. 교토대에서 일정 수준의 연구력을 인정 받은 뒤에는 연구 지원을 받기가 용이하다. 경력 있는 교수는 물론 젊은 연구원과 학생들이 연구해 나가는 과정이 자유롭다. 교토대는 기본적으로 젊은 연구원에게 '자유로운 연구환경' 과 '장기간 연구' 를 지원하는 풍토가 조성돼 있다. 이 같은 교토대의 자유연구 풍토에 대해 8년 전 문부과학성이 제동을 걸려 했지만 실패했다. 기초연구에 대한 필요·불필요를 판별하려 하자 학교의 거센 저항에 부딪혀 결국 철회했던 것. 기초학문의 자유연구는 일본 대학의 공통된 현상이지만 교토대가 더 잘돼 있다.

학생들도 자유를 만끽한다. 너무 자유스러운 학풍에 매몰된 나머지 학점을 날리거나 유급하는 학생도 많다. 특정 학부는 4년 동안 체계적인 공부를 하지 않는 학생도 수두룩하다. 우등생을 입학시켜 폐인廢人을 양산한다는 평가를 받을 정도로 교토대 자유학풍은 상상 이상이다. 교토대가 일본 내 최고 명문대로 자리매김하고, 기초학문 분야에서 세계적인 성과를 거둘 수 있었던 배경 가운데 하나는 이런 자유스러운 학풍이 바닥에 깔려 있다.

교토대의 자유학풍은 2001년 12월 4일 교토대학평의회에서 결정된 대학 기본이념 제정에도 잘 반영돼 있다. 이 기본이념에 따르면 '자유의 학풍' 을 교토대의 '빛나는 개성' 으로 평가하고 앞으로도 계승·발전시켜 나가야 한다고 강조했다. 학교 운영에 있어서도 자유학풍을 해치지 않도록 하고 있다. 하지만 1960년 과격한 학생운동으로 자유학풍이 위협받았던 시절에 학교를 다녔던 지금의 교수진들이 최근 학생들의 자율에 대해 규제를 가하려는 아이러니한 현상이 벌어지고 있다. 경관훼손을 이유로 교내에 대자보도 마음대로 붙이지 못하게 하고, 기숙사의 자율운영에 대해 안전성을 이유로 벌칙조항을 강화하는 등 예전과 다른 모습을 보이고 있는 것이다. 출석관리를 엄격히 하고 동아리 홍보물 입간판도 없애 학생들 처지에서는 자유가 점점 억압당하고 있다고 느끼고 있다.

인문·이공계 융합

문부과학성은 문과보다 이과를 더 지원해 미래발전을 도모한다는 방침을 정했다. 그러자 여러 대학에서 '인문·이공계 둘 다 중요한 학문' 이라고 공표하고 정부의 방침에 이의를 제기했다. 당시 국립대학총장협의회 회장이던 야마기와 주이치 교토대 총장도 인문계를 축소하라는 정부 방침에 반발했다. 야마기와 총장은 당시 "과학은 과학 그 자체로 큰 도움이 안 된다. 과학은 인간사회와 반드시 관련성이 있어야 된다. 이공계의 과학기술은 인문학적 입장에서 사용 의미를 부여해야 한다. 과학기술을 사회적으로 사용하는 것은 인문학 없이는 불가능하다."고 말했다.

이학부 교수인 야마기와 총장은 직접 아프리카로 가서 인간사회의 앞 영장류인 고릴라 연구를 통해 인간공동체 형성 기원을 연구하고 있는 교수로 유명하다. 고릴라 연구를 통해 인간의 사고방식, 윤리, 도덕성이 (어디서) 어떻게 생겨났는지를 연구한 것이다. 야마기와 총장 등의 반대로 문과계열 축소는 유야무야됐지만 아직도 일본의 국가적인 이슈로 남아 있다. 이에 앞서 마쓰모토 히로시 전 총장은 일본 정부의 국립대 법인화로 예산이 줄어들자 종합인간학부 해체를 골자로 한 대학개혁안을 발표했다가 교수들의 엄청난 반발로 물러선 바 있다.

일본 문부과학성이 세계 대학 순위 100위 이내를 목표로 진행하고 있는 슈퍼글로벌창성대학사업에서 A형에 선정된 13개 대학 가운데 하나인 교토대는 학교 비전을 '인문·사회·과학분야 균형발전'으로 설정해 주목받았다. 교토대는 학문연구에 있어 문과와 이과의 경중이 따로 있을 수 없으며, 더 나아가 이공계와 인문사회계를 융합하는 게 더 중요하다고 보고 있다. 'cross curricular harmony among the humanity and the science' 라는 말처럼 교토대는 과거부터 문文과 이理를 같이 중요하게 생각해 왔다. 다양한 아이디어(발상)는 문·이 융합에서 단서와 힌트가 나온다는 것이다.

하쿠비 프로젝트

일본 교토대의 연구지원 풍토를 단적으로 보여주는 것이 '하쿠비(白眉) 프로젝트'다. 하쿠비는 '여럿 가운데 가장 뛰어난 것을 가리키는' 중국 고사에서 이름을 따왔다. 기초연구자들이 자유롭게 연구할 수 있도록 지원하는 제도로 마쓰모도 히로시 전 총장이 도입했다. 마쓰모도 총장은 2009년 젊은 연구원들을 육성·지원하기 위해 하쿠비 프로젝트에 착수했다. 2012년 4월 하쿠비 고등연구센터로 개칭하고 개별 연구기관과 협력해 프로그램을 조율하고 있다.

대학에서의 연구 활동은 연구원이 지적 발견을 추구하는 데 있어

학생마다 한 대씩 갖고 있을 정도로 자전거는 교토대에서 가장 보편적인 교통수단이다. 교토시내가 평지인 데다 버스 외 별다른 대중교통이 없어 대부분의 학생은 자전거로 통학한다. 사진은 도서관 앞에 세워진 자전거들.

영감, 호기심, 열정을 자유롭게 표현함으로써 이뤄진다. 따라서 연구 활동을 촉진하려면 다양한 학문 분야에서 탁월한 창의성, 독창성, 헌신을 갖춘 인적 자원의 개발이 수반된다. 하쿠비 프로젝트는 이를 염두에 두고 만들어졌다.

하쿠비 프로젝트의 특징은 '긴 시간 자유로운 연구를 지원' 하는 것이다. 전 세계 연구자들이 공통적으로 가장 원하는 연구 프로그램은 자기가 하고 싶은 연구에 지원을 해주고 성과가 나올 때까지 간섭하지 않고 기다려 주는 것이다. 연구자들의 간절한 소망을 교토대 하쿠비 프로젝트가 실현하고 있는 것이다. 하쿠비 프로젝트에 선정된 젊은 연구원은 5년 동안 예산을 지원받고 자유롭게 연구할 수 있다. 특히 정부나 기업체의 지원을 기대하기 어려운 기초연구분야에 집중된다. 간단한 보고서 한 장만으로 심사통과가 가능하다. 해외에서도 하쿠비 프로젝트를 도입하고 싶어하는 연구기관이 많다고 한다.

하쿠비 프로젝트는 국적을 가리지 않고 전 세계 연구자들로부터 지원서를 받는다. 인문학에서부터 사회과학·자연과학에 이르기까지 모든 학문의 기초 및 응용 연구 분야 박사 학위(또는 동등한 연구 능력)를 보유한 젊은 연구자라면 문호가 개방돼 있다. 교토대는 하쿠비 연구원을 프로그램별 교수진(관계학 교수 또는 조교수)으로 선정해 고용한다. 또 연구 분야에 따라 선정된 주관기관(대학, 대학원, 연구소 등)에서 5년간 연구를 진행할 수 있다. 센터는 연구원들이 효과적으로 연구활동을 할 수 있도록 연구원이 원하는 다양한 방식으로 지원한다.

교토대가 하쿠비 프로젝트와 같이 과감한 연구지원 풍토를 유지해 갈 수 있는 배경에는 뛰어난 연구업적으로 전국 대학 가운데 가장 많은 연구비를 지원받는 현실적인 이유도 한몫하고 있다. 자유로운 연구 풍토 속에서 오랜 시간 축적돼 온 기초학문 연구성과가 타의 추종을 불허하는 결과를 낳으면서 연구지원비가 증가하는 선순환 구조를 구축한 것이다. 하쿠비 프로젝트는 마치 달걀 부화과정처럼 천천히 연구를 진행할 수 있도록 젊은 연구자에게 기회를 주고 있다. 교토대의 자유스러운 연구풍토 속에서만 가능해 보이는 것이 하쿠비 프로젝트다.

문화의 도시 히로시마

슈도대학교

10대 1의 입학 경쟁률

국제평화 및 문화의 도시로 알려진 히로시마는 일본에서 가장 큰 섬인 혼슈 서쪽에 위치해 있다. 히로시마시 인구는 100만 명이 넘고, 히로시마현은 280만 명이다. 대구시와 자매결연을 하고 있고 주요 산업은 자동차 제조다. 이곳에 바로 사립 명문 슈도대학이 있다.

슈도대는 1725년 히로시마 번藩의 5대 영주인 아사노 요시나가가 번 학교인 고가쿠쇼를 설립한 데 뿌리를 두고 있다. 1960년 히로시마 상과대학(히로시마 쇼카 다이가쿠) 상학부 상학과 설립을 실질적인 개교 시기로 본다.

2018년 5월 기준 학생 수가 약 6천300명(학부생 6천200여 명, 대학원생 50여 명 등), 교수진은 202명이다. 상학부(1천389명), 인문학부(1천360명), 법학부(1천295명), 경제과학부(1천705명), 인간환경학부(655명), 건강과학부(335명), 국제커뮤니티학부(167명) 등으로 구성돼 있는 데서 보듯 인문사회학부 중심(특성화) 대학이다. 평균적으로 보면 매년 슈도대 학생 200명이 외국에서 공부하고, 외국에서는 140명 정도가 슈도대로 유학을 온다. 이 대학 학부생 중 중국인이 58명, 한국인은 10명이다.

중국中國·사국四國지방 최고 사립명문

혼슈 서쪽 끝에 있는 지방을 중국中國지방으로 부른다. 중국은 돗토리·시마네·오카야마·히로시마·야마구치현으로 구성된다. 남쪽으로는 세토 내해를 사이에 두고 시코쿠(四國)섬과 마주한다. 시코쿠는 도쿠시마·가가와·에히메·고치현으로 구성돼 있다. 규슈 섬과 시코쿠 섬은 대교로 연결된다. 슈도대는 중국·사국지역 최고 명문 사립대로 꼽힌다. 히로시마대학이 최고 국립대로 우수 인재 육성에 주도적 역할을 하지만, 슈도대는 지역에 필요한 인재 육성으로 이 지역 최고 명문 사립대의 위상을 확고히 하고 있다.

대학입학 연령인 18세 인구가 계속 줄면서 일본에는 정원을 채우지 못하는 대학이 해마다 늘어나고 있다. 하지만 슈도대는 지원자가 줄지 않고 있다. 2018학년도 입시에서 1천415명 모집에 1만 611명이 응시해 2016년부터 3년간 비슷한 경쟁률을 보였다. 현재와 같은 학령인구 감소상황에서 슈도대처럼 꾸준한 입시경쟁률을 나타내는 대학은 드물다. 지원자를 모이게 하는 매력은 철저한 지역 특성화에 있다는 것이 학교 관계자 설명이다.

슈도대의 인재 육성 방침을 한마디로 설명하면 '세계적인 지식으로 지역에서 일하는 인재'를 육성하는 것이다. 슈도대는 지역 인재 육성에 강점이 있는 것으로 명성이 높다. 이 때문에 지역 경제계에 큰 영향을 미치고 있다. 중국中國지역 기업체 사장을 출신 대학별로 분석하면 사립대 중에선 슈도대가 가장 많다. 일본 전역으로 보면

슈도대는 지역사회에 필요한 인재 육성을 목표로 지역밀착형 학사운영을 강화하고 있다. 사진은 슈도대 도서관과 내부 열람실.

사립대 가운데에서는 긴키대학 출신 사장이 가장 많지만 중국지역에서는 슈도대 출신이 긴키대보다 앞선다. 슈도대의 경쟁력을 보여주는 부분이다.

슈도대가 이처럼 경쟁력을 확보한 배경에는 특유의 '인턴십'이 자리한다. 슈도대가 지자체·신문사·기업체 등에 인턴십으로 파견하는 학생은 국립 히로시마대보다 더 많다. 전통적으로 인턴십을 통해 기업체와 좋은 관계를 맺고 있는 것이다. 그 때문에 지역 경제단체와 관계도 좋다. 히로시마대가 세계적 연구자를 배출한다면 슈도대는 지역 인재 육성으로 차별화했다.

일례로 일본에서는 히로시마 오코노미야키와 오사카 오코노미야키가 양대 산맥을 이루는데 히로시마 오코노미야키 소스회사의 책임자가 슈도대 출신이다. 이처럼 기업체와 연계를 통해 취업을 확대

하고 사장 등 고급 간부를 배출하고 있다. 이로 인해 우수학생이 슈도대를 찾는 선순환 구조가 자리잡은 것이다. 하지만 슈도대 또한 위기감을 갖고 있다. 신입생 모집, 취업률 등 모든 지표가 좋지만 다가오는 미래에 불확실성이 증가하고 있기 때문이다. 개혁하지 않으면 응시인원이 감소할 것으로 진단하고 있다. 슈도대 혁신은 여기에서 출발한다.

새로운 사회 부응 학부 신설

이시가와 전임 총장은 새로운 사회에 부응하고 대학의 미래를 생각해 '학부 신설' 이라는 결단을 내린다. 하지만 새로운 학부를 만들더라도 효과를 보려면 상당한 시일이 필요한 만큼 사회수요를 예측해 선제적으로 학부를 신설했다. 이 과정에서 학내의 많은 저항이 있었고 학부 신설 후에도 많은 곤란을 겪기도 했다. 슈도대는 스즈가미네여자단기대학과 합병 후 이 대학 건강영양학과와 슈도대 심리학과를 합쳐 2017년 4월 건강과학부를 신설했다. 또 2018년 4월에는 국제커뮤니티학부를 신설했다.

슈도대가 스즈가미네여대와 합병한 것은 지역 경제계의 적극적인 요청이 있었기 때문이다. 스즈가미네여대는 지역 경제계의 필요에 의해 설립된 대학으로 건강영양학과에서 관리영양사를 배출하고 있었다. 학생들은 관리영양사 취득 후 지역 기업체에 취업했다. 하지만 스즈가미네여대는 저출산으로 학생 모집이 줄어들면서 건강영양학과 외에는 신입생 모집이 잘 안 돼 폐교할 수밖에 없었다. 슈도대 또한 지역 경제계와 밀접한 관계를 맺고 학교를 성장시켜 오고 있어서 자연스럽게 두 대학 통합이 성사됐다. 슈도대는 합병 후 정신적 건강을 다루는 기존 심리학과와 건강먹거리를 책임지는 스즈가미네여대 건강영양학과를 합쳐 건강과학부를 신설했다. 학부 신설 당시 심리학과와 건강영양학부 모집정원은 각각 80명으로 정했다.

2018년 4월에는 국립 히로시마대 교수를 영입해 국제커뮤니티학부를 신설했다. 슈도대 인재육성 방침인 '세계를 배우고 지역에서 일하는 인재 육성' 을 구체화하기 위함이다. 기존 슈도대 국제정치학과가 실용성이 떨어져 취업 등에 어려움을 겪고 있던 현실도 한몫했다. 국제커뮤니티학부 정원은 국제정치학과와 지역행정학과 각각 75명이다. 두 학과 학생은 학문적 교육보다는 체험적이고 실천형 과목을 배운다. 수업과목은 정치이론, 일본정치사, 일본정치, 동양정치, 지방자치론, 지방재정론, 합의행정론, 자금개혁론, 자치제 행정실무, 정책구성론, 사회정책론, 정책시스템, 공공정책론, 헌법, 행정법, 지방자치법, 민법 등 다양하다. 국제자원봉사단체, 국내외 지자체 협력기관, 지역 기업체 국제교류업무 등에 필요한 인재를 키워달라는 지역의 요청을 받아들인 것이다. 기존 국제정치학과를 발전적인 방향으로 체질 개선시켰다.

슈도대 운영주체

슈도대는 소위 1인 오너체제 사립대가 아니다. 히로시마경제대·야쓰다여대 등 주변에 1인 오너체제 대학이 있지만, 슈도대는 교수조직과 이사회를 두 축으로 하는 시스템으로 학교를 운영한다. 이사회에서 이사장을 선출하고, 대학을 실질적으로 경영한다. 총장·부총장·학부장 등 이사회 3분의 2가 교수다. 이사

다카노리 미카비 슈도대 총장.

회 회의에서는 학교 의견을 반영해 주요 사항을 결정한다. 학교운영에 필요한 재정 부문은 재무이사가 맡는다. 재무이사는 지역 경제계 출신이나 은행권 근무 경력이 있는 전문인이다. 재무이사 외 전무이사·사무국장 등도 대부분 전문가들이 맡고 있다.

장기발전 구상

2년 연속 새 학부를 신설함에 따라 슈도대의 학교 운영 유동성이 증가했다. 무엇보다도 신설학부 학생들이 졸업해 취업할 때까지 안정적으로 운영해 위험 요소를 줄이는 것이 과제로 떠올랐다. 신설한 두 학부의 성과를 보고 4~5년 뒤 학부 추가 신설이나 변경 등을 검토한다는 계획이다.

하지만 이런 원칙에도 불구하고 사회적 요구가 있을 경우 새로운 학부나 학과 신설은 늘 열려 있다는 게 대학 측의 설명이다. 인문사회계 중심인 슈도대 특성상 4차 산업혁명과 AI(인공지능)시대 도래는 대학 경쟁력 약화 등을 불러올 수 있기 때문이다. 이에 컴퓨터학부처럼 이공계 학과라도 지역의 요청이 있고 사회적 수요가 있다면 어떻게든 혁신적인 방법을 도입하겠다는 것이다.

인구감소는 학교운영의 또 다른 부담으로 작용한다. 슈도대는 그런 만큼 지역연계를 더욱 강화한다는 전략을 수립했다. 지금까지는 지역 경제계 중심이었으나 앞으로는 지역사회 전체로 연계를 확대해 나갈 방침이다. 재해지역 봉사활동은 물론 마을 등과 연계해 지역에 도움이 되는 활동을 강화하고 있다. 이 일환으로 2018년 가을 태풍피해 지역에 자원봉사 학생들을 파견했다. 학생들은 지역발전을 위한 프로젝트도 수행한다. 지역활성화 아이디어나 지역복지계와 연대한 아동지원활동 범위를 매년 넓혀가고 있다. 교수진을 활용한 오픈 아카데미를 열고 지역민을 위한 교양강좌를 강화하고 있다. 눈에 띄는 것은 한글강좌가 인기라는 사실이다.

다카노리 미카미 총장(국제정치학과)은 "지방자치행정기관·지방의회와의 연계 확대를 통해 지역활성화와 함께 대학의 존재감을 키워야 한다."면서 "여건이 허락된다면 히로시마현 전체를 대상으로 지역연계 활동을 강화해야 한다는 생각"이라고 말했다.

일본 최대 호수 비와호에 인접한
시가대학교

시가대학교〔滋賀大學校-Shiga University〕가 있는 일본 시가현은 간사이 지방에 있다. 간사이 지방은 교토·오사카 2부와 시가·효고·나라·와카야마·미에 5현을 포함한다. 시가현 면적은 4천17㎢이며 인구는 141만 명(2018년 4월 1일)이다. 시가현에는 일본 최대의 호수 비와호가 있다. 교통환경이 편리해 물류기지, 공장, 연구개발시설 등이 많다. 최근에는 JR 서일본의 어번 네트워크 확대에 따라 교토와 오사카의 위성도시로 인구가 증가하고 있다. 시가현처럼 도쿄 수도권 이외 지방에서 인구가 증가하고 있는 현은 손에 꼽힌다.

현주소

비와호에 인접한 시가대학교는 1949년 시가사범학교, 시가청년사범학교, 히코네경제전문학교를 통합해 설립한 대학이다. 2학부·2캠퍼스 체제로 지금껏 단일 캠퍼스가 없다. 교육학부는 오쓰〔大津〕에, 경제학부는 히코네시에 캠퍼스가 있다. 두 캠퍼스는 약 60㎞ 떨어져 있다. 대학본부는 경제학부가 있는 히코캠퍼스에 있다. 2017년 데이터사이언스학부가 신설돼 현재는 3학부·2캠퍼스 체제다. 교육학부 230명, 경제학부 460명, 데이터사이언스학부(과) 100명, 대학원 113명(이상 입학정원 기준), 외국인 유학생 150여 명 등 학생 수가 3천200여 명인 중규모 대학이다. 오쓰·히코 캠퍼스 모두 규모가 크지 않다. 강의실, 교수연구실, 도서관, 체육관, 강당 등을 갖춘 건물밀집형 캠퍼스다.

학령인구 감소에도 불구하고 시가현 인구는 계속 늘고 있어 시가대 신입생 경쟁률은 2.5~3대 1을 유지하고 있다. 특히 도쿄23구와 오사카·교토지역 우수대학에 진학하지 못한 학생들이 많이 지원해 입학자원이 비교적 우수하고 취업률도 높아 간사이지역에서는 인기 있는 국립대로 통한다. 부총장 겸 이사인 아키히로 오구라 교수는 "시가대는 통상적인 지방 국립대보다 상황이 많이 좋은 편이다. 그럼에도 불구하고 국립대 법인화 당시와 현재를 비교하면 10% 정도 예산이 줄었다. 문부과학성에서 해마다 1%씩 예산을 줄여오고 있기 때문이다. 다른 국립대처럼 시가대 또한 기존 예산을 합리적으로 운용해 투자예산을 확보할 것인지, 다른 대학과의 경쟁(공모)을 통해 경쟁예산을 확보할 것인지 선택해야 하는 상황에 직면했다."고 말했다.

경쟁력

교육학부 취업률 종합국립대 1위인 시가대

교육학부는 1875년 오쓰시에 설립된 소학교 교원 전습소小學校教員傳習所가 모태가 됐다. 1898년 시가현 사범학교로 개칭했고, 1949년 시

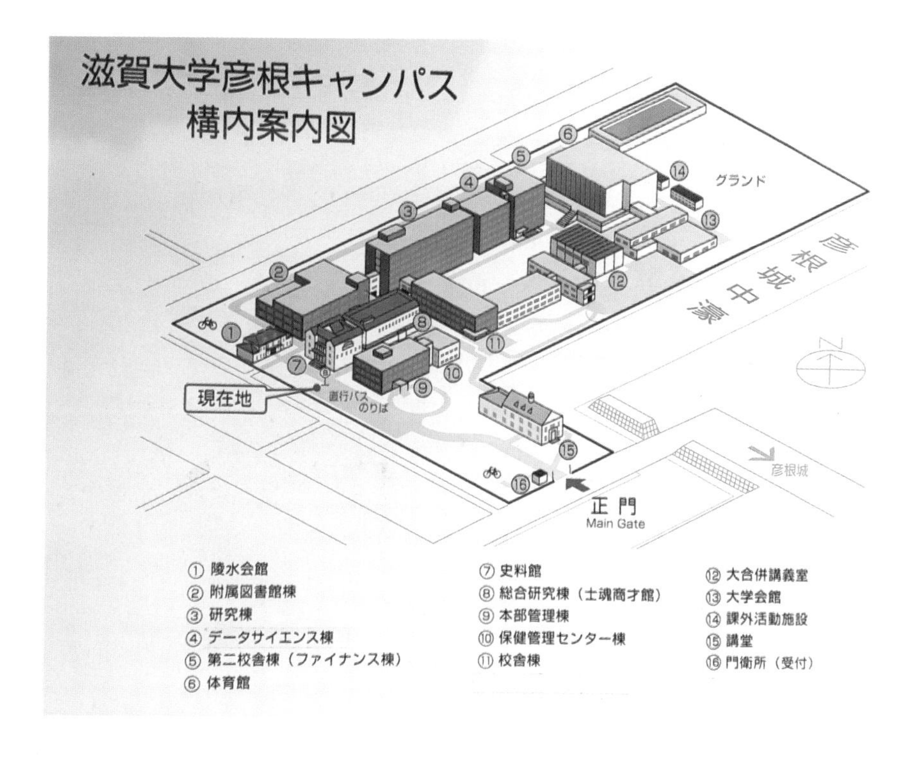

가대 학예학부(1966년 교육학부로 개명)가 됐다. 시가현을 비롯한 각지에 우수한 교원을 배출한 지역의 대표적인 교사 양성 학부다. 모집정원은 230명으로 유아교육 및 초·중등 교사를 양성한다. 초등교육과정은 유아교육전공을 비롯해 교육문화전공·학교임상전공·환경교육전공·초등영어·초등과학·초등 교과목 전공 등으로 구성돼 있다. 중등교육과정은 과목별 전공이 있고, 별도로 장애아 전공이 있다. 무엇보다도 교사 취업 실적이 뛰어나다. 2010~2015년 6년간 평균 교원 취업률은 일본 44개 교원양성 국립대 학부 중 4위다. 상위 3개교는 단과교육대학(교대)이어서 종합대학 교육학부로 치면 사실상 시가대가 1위다.

경제학부 국립대 최대 학부인 시가대 경제학부의 전신은 1922년 설립된 히코네고등상업학교다. 이 학교는 사혼상재士魂商才(무사 정신과 장사의 재능을 겸비함)를 건학정신으로, 깊이 있는 교양과 상호부조·사회봉사 정신을 가진 상업인 육성을 목표로 내걸었다. 시가대 경제학부는 이 전통을 계승해 1949년 5월 31일 새로 출범했다. 입학정원 460명에 5학과 17강좌로 구성돼 경제학부가 있는 일본 30개 국립대 가운데 최대 규모다. 학부 내에는 경제학과·금융학과·기업경영학과·회계정보학과·사회시스템학과가 있다. 경제학부가 있는 30개

국립대 중 랭킹은 10위이고 지방대 가운데는 단연 1위다. 취업률은 96~97%이고 60%가 대기업에 취업한다. 지역 내 취업률은 10% 정도다. 일본정부는 2021년 지역 내 취업률을 2016년과 비교해 10% 포인트 더 올릴 것을 주문하고 있다. 대도시 경제인력 공급대학으로 외지 취업률이 높지만 대학 측은 지역취업률이 15% 선까지는 가능할 것으로 보고 있다. 시가대 경제학부는 확실한 경쟁력을 갖고 있어 '취업 만족도 향상→우수학생 입학' 이라는 선순환 구조가 유지되고 있다.

일본 첫 데이터사이언스학부(과)

그럼에도 불구하고 시가대는 미래 수요를 내다보고 선제적으로 데이터사이언스학부(과)를 일본 대학 최초로 신설했다. 경제학부 입학정원을 100명 줄이고 2017년 4월 데이터사이언스학부를 만들었다. 데이터사이언스학부는 사회에 넘치고 있는 데이터에서 가치를 도출하는 학문이다. ICT(정보통신기술)가 진화한 현대사회는 사업·의료·교육·행정 등에서도 고급 데이터 처리 능력, 데이터 분석력이 필요하다는 판단에 따라 학부를 신설했다.

하지만 개설과정에 상당한 갈등과 저항이 있었다. 일본 최대 경제학부로 충분한 경쟁력이 있음에도 굳이 모집인원을 줄이면서까지 새 학부를 신설하자는 데 선뜻 동의할 교수가 없었던 것. 하지만 당시 총장은 일본의 산업구조, 4차 산업혁명, 인구 구성 변화 등을 고려했을 때 현실 안주는 미래 경쟁력 약화로 이어진다는 점을 강조했다. 또 정부예산이 줄어드는 현실에서 현상을 유지하면 학교는 점점 위축돼 궁극적으로 학교운영이 어려울 것이라며 설득했다. 정부정책에 부응해 학교혁신을 이뤄야 미래성장동력 확보를 위한 예산과 외부 기부금을 받을 수 있다는 비전 제시에 결국 반대하던 교수들도 마음을 돌렸다. 다만 경제학부 정원 감축에 따른 인위적인 인력구조 조정은 하지 않기로 했다. 대신 경제학부 교수가 정년퇴임할 경우 추가적인 교수채용은 하지 않고 있다. 반대로 신설된 데이터사이언스학부는 필요한 교수진을 계속해서 충원하고 있다. 정부에서도 시가대 데이터사이언스학부 신설을 국립대 혁신 모범사례로 선정하고 학부 운영에 필요한 지원을 하고 있다.

교육 과정은 통계·정보의 기초능력 습득뿐만 아니라 실제로 데이터 분석 결과를 의사 결정에 활용해 가치를 창조할 수 있는 능력을 키우는 방향으로 구성돼 있다. 1~2학년 때는 통계 및 정보 공학의 기초적인 내용을 익히고 다양한 응용 분야에서 데이터 분석 실례를 배운다. 3~4학년 때는 다양한 영역에서 과학적 데이터 분석 기법을 배우고, 실제 데이터를 이용한 연습을 통해 가치 창조의 실전 경험을 쌓아간다. 또 각자 관심 분야에 따라 특화된 커리큘럼이 준비돼 있다.

데이터사이언스학부는 응용분야가 자연과학뿐만 아니라 인문·사회과학 분야에도 많아 문리융합형 교육과정을 운영하고 있다. 데이터 관리·가공·처리·분석은 이과분야지만, 분석 결과를 가치 창조에 활용하기 위해서는 데이터의 배경을 충분히 알고 있어야 해 문과적 지식배경이 필요하다는 판단에서다. 커리큘럼은 정보·통계 관련 과목에 경제·경영 등의 교양 과목이 포함돼 있다. 그 외 비즈니스 등 기업현장을 파악할 수 있는 교과목으로 구성돼 있다. 데이터사이언스학부 졸업자는 일정 학점 취득 후 '조사사' 자격을 취득한다. 또 정보처리 기술자 시험(기본정보기술자 시험 · 응용정보기술자 시험), 통계검정(준 1급 · 2급), 품질 관리 시험(2급)도 응시할 수 있다.

시가대는 데이터사이언스학부 신설에 앞서 기업의 수요조사를 충분히 했다. 또 신설 후에는 교내 데이터과학교육연구센터를 통해 공동연구·교육제공·컨설팅제공·인턴파견 등 다양한 기업·단체와 네트워크 활동을 펴고 있다. 주된 교류 대상은 데이터 수요가 높은 금융·서비스·공공단체·제조업 등이다. 이로 인해 기부금 수입과 외부용역 수요가 꾸준히 증가하고 있다.

글로벌 및 지역연계 강화 시스템

시가대는 외국인 유학생 유치에도 적극 나서고 있다. 경제학부의 경우 외국인 비중이 장·단기 합쳐 200명에 이른다. 전체 정원의 10% 규모다. 외국인 입학생은 정원 내 최대 10% 이내로 제한하고 있다. 재학생들의 글로벌화도 촉진하고 있다. 재학생 20% 정도를 졸업 전 외국 대학에서 공부하도록 하는 정책을 펴고 있다. 유학기간은 한 달에서부터 1년까지 다양하다.

시가현에는 소규모 대학이 10개 정도 있다. 대학 간 컨소시엄화는 돼 있지만 잘 운영되고 있는 편은 아니다. 정부에서는 사립대와 국립대의 협력발전을 유도하고 있으나 실제로는 잘되지 않고 있다는 평가다. 시가대 역시 대학차원에서는 성과가 미미하다. 하지만 데이터사이언스학부와 교육학부는 다른 대학 학부와 학점 인정(대학 간) 등을 하고 있다. 국립대로서 지역사회와의 협력강화도 과제다. 시가현·시가시와 협력관계를 갖고 있고, 경제단체·기업 등과도 연계돼 있으며, 지역민을 대상으로 공개강좌도 마련하고 있지만 호응이 좋은 편은 아니다.

지역 및 글로벌 과제 해결을 목표로 하는 미래지향적인 문리융합형 신학부(데이터사이언스학부) 설치에 성공한 시가대는 이제 또 다른 장기발전계획을 추진 중이다. 현재 재교육 기능 강화, 지역 이노베이션을 담당하는 인재육성을 위한 대학원 조직 재편, 시가현 내 국·공·사립대와의 제휴 추진 등 제3기(2016~2021) 중기목표 달성을 위해 달려가고 있다. 지식의 거점으로서 역할을 향상시키겠다는 의지다.

간사이 지방의 사립명문
리츠메이칸대학교

리츠메이칸대학교(立命館大學校)는 일본 간사이 지방의 4대 사립명문, 소위 '칸칸도리츠(關關同立)' 중 하나다. 칸칸도리츠는 칸사이대(關西大), 칸세이가쿠인대(關西學院大), 도시샤대(同志社大), 리츠메이칸대(立命館大) 등 간사이 4개 명문 사립대 앞글자에서 따온 말이다. 메이지대, 아오야마가쿠인대, 릿쿄대, 주오대, 호세이대 등 도쿄 5개 명문 사립대 'MARCH'에 비견된다. 리츠메이칸대학교는 교토 기누가사캠퍼스(KIC), 시가현 비와코쿠사쓰캠퍼스(BKC), 오사카부 이바라키캠퍼스(OIC) 등 3개 캠퍼스가 반경 30㎞ 안에 있다. 기누가사캠퍼스가 가장 오래됐으며, 2015년 4월 문을 연 이바라키캠퍼스의 역사가 가장 짧다. 3개 캠퍼스는 독립적으로 운영된다.

글로벌화 진행 중

리츠메이칸대는 2018년 10월 말 현재 3만 2천여 명이 재학 중이다. 니혼대·와세다대에 이어 학생 수 3위다. 재학생의 40% 이상이 간사이지역 외에서 입학하는 전국단위 대학이

리츠메이칸대학교 이바라키 캠퍼스(OIC)는 이바라키시 소유인 이와쿠라공원과 접해 있다. 사진은 이와쿠라공원과 리츠메이칸대학교 A동.

다. 또 64개국에서 2천여 명의 유학생이 공부하는 등 양적인 부분에서 일본 최상위그룹에 속한다. 해외 유학 중인 학생은 1천800명이다. 과학 연구비 조성 금액 사립대 3위(2017년 기준 킨키지역 사립대 1위), 민간 기업으로부터 수탁 연구 실시 건수 전국 2위(2016년도 기준 국공립 포함) 등 질적으로도 뛰어나다.

현재 리츠메이칸대는 선진 국제교육을 추진하는 등 글로벌화가 진행 중이다. 2019년 4월에는 새로운 글로벌 교양학부를 설치하고 신입생을 모집한다. 리츠메이칸대는 일본 문부과학성의 2014년도 '슈퍼 글로벌 대학 창성 지원사업' 의 '세계화 견인형' 에 선정됐으며, 2017년도 중간평가에서는 A를 받았다. '2030계획' 에 의하면 앞으로 외국어로 수업하는 과목을 1천145개로 확대한다. 유학생 수는 4천500명, 해외 유학 파견 학생 수는 3천200명을 목표로 하고 있다. 또 일본 사립대 3위, 세계 200위권 대학, 외국인 교원 50% 비율 확대, 이과계 8천 명 국제화 등을 추진 중이다.

야심찬 OIC 프로젝트

OIC는 리츠메이칸대가 21세기 경쟁력 강화를 위해 야심차게 조성한 캠퍼스다. OIC는 리츠메이칸대의 세계화 거점이다. 지역사회와의 협력 강화, 아시아지역 유학생 유치, 일본 학생의 글로벌화 등을 촉진하기 위한 전진기지로 활용하고 있다. 이바라키시(茨木市)는 오사카부 북부, 호쿠세쓰 지역에 있다. 대도시인 오사카시와 교토시 중간에 있어 주거지역으로서의 성격을 가진다. 이바라키캠퍼스는 JR 교토역과 JR 오사카역에서 15분 거리에 있는 등 대부분의 JR 및 철도와 30분 이내에 연결될 정도로 교통여건이 좋다.

OIC는 리츠메이칸학원이 2015년 4월에 개설했다. 학교법인의 온갖 재정을 끌어모아 최신식 도심형 캠퍼스를 조성했다. 새 캠퍼스인 만큼 건축 조형미도 뛰어나 인기가 좋다. OIC는 정책과학부, 경영학부, 종합심리학부 등 3개 학부와 대학원의 경영학연구과, 정책과학연구과, 인간과학연구과, 기술경영대학원 등 4개 연구과로 구성돼 있다. 2018년 5월 현재 학생 6천700명, 외국인 유학생 600명이 있다. 대지면적 10만㎡, 건축면적 3만㎡, 연면적 11만㎡에 6개 건물로 구성돼 있다. 학교와 접한 이바라키시 방재공원인 이와쿠라공원은 약 1만 5천㎡다.

이케다 신 부총장보 겸 지역협력실장.

A동엔 캠퍼스인포메이션(캠퍼스 관리실), 교양교육센터, 커리어교육센터, 서비스러닝센터, 언어습득센터(CLA), 언어교육센터, Beyond Borders Plaza, 교직지원센터, 국제교육센터, 학부사무실, 찻집, 편의점 등이 있다. B동은 주민개방시설이 밀집해 있다. C동엔 레인보(RAINBOW) 서비스 카운터 교실, 세미나 하우스, 카페(생협식당), 숍(생협종합서비스) 등이 있고, D동엔 아레나, 클럽박스, 트레이닝룸, 학생홀 등이 있다. E동은 에너지센터, F동은 탈의실 등이 있다.

3대 핵심 운영 콘셉트

21세기 글로벌대학을 지향하는 리츠메이칸대의 OIC 캠퍼스 운영 3대 핵심 요소는, 아시아로 가는 관문(Gateway

리츠메이칸대학 2층 도서관.

to Asia), 도시 공동창조(Urban Co-Creation), 커뮤니티 및 지역 협업(Community and Regional Collaboration)이다. 'Gateway to Asia'는 일본이 선진국으로 달려오며 축적된 경험과 지식을 활용해 아시아와 세계를 연결하는 관문 역할을 하는 것이다. OIC가 중심이 되어 아시아 국가와 학생들에게 지식과 경험을 전수하고 이를 기반으로 아시아를 대표하는 대학으로 성장시키겠다는 포부다. OIC는 또 아시아 내에서 진정한 신뢰와 동지애를 증진시키는 인적자원 개발에 기여할 것을 목표로 한다.

'Urban Co-Creation'은 도시 전역에 분포돼 있는 잠재성을 활용하기 위해 다양한 사람과 조직(단체)을 네트워크화하는 것이다. OIC가 지역혁신의 거점으로써 창의적 연계를 통해 지역의 새로운 가치를 창출하겠다는 의지다. 'Community and Regional Collaboration'

은 지역사회와 지역공동체를 통해 교육·연구·학생활동의 분야를 확대하고 다양한 활동을 통해 상호신뢰 관계를 구축함으로써 풍요로운 지역사회와 사회를 만드는 데 기여한다는 목표다.

글로벌교양학부 개설

2019년 4월에 개설한 글로벌교양학부에서는 다원적 지식을 바탕으로 유연하고 실용적으로 문제를 해결하는 능력을 갖추고 세계를 선도하는 혁신 인재를 만들어내는 것을 목표로 한다. 글로벌교양학부는 4차 산업혁명으로 촉발될 국경 없는 세계에서 스스로의 적응능력과 타인을 존중하고 문화의 차이를 넘어 소통하는 능력을 키우는 데 중점을 두고 있다. 세계적인 이슈에 대한 이해와 문제해결 능력을 갖춘 인재 육성의 필요성에서 글로벌교양학부를 개설하는 것이다.

글로벌교양학부는 '호주국립대 코럴 벨 스쿨'(ANU Coral Bell School)과 공동 작업을 통해 만들어진 학부다. 원칙적으로 모든 학생이 4년간 2개의 학위 취득을 목표로 한다. 일본에서는 21세기 글로벌 시민에 어울리는 주체성을 몸에 익히기 위한 일반교양학문을 중심으로 배우고, 호주에서는 세계화의 역동성을 체험하면서 아시아·태평양 지역에 대한 지식을 쌓는다. 양 대학에서 수업요건을 충족하면 OIC 학사(글로벌교양학)와 ANU 학사(아시아·태평양학)를 취득할 수 있다. 학부 전체가 해외 대학과의 이중 학위를 전제로 만들어진 프로그램은 일본에서 최초다. 4년간 모든 수업을 영어로 진행한다. 신입생 모집인원은 100명이다.

지역협력실

OIC는 캠퍼스 조성 단계에서부터 이바라키시, 지역상공회의소 등과 긴밀한 관계를 형성했다. 교토의 기누가사 캠퍼스나 시가현 비와코쿠사쓰 캠퍼스가 별다른 지역협력 없이 운영돼 온 것과는 출발부터 달랐다.

이바라키시에서는 OIC캠퍼스 건축에 시 재정을 투입했고, 학교 앞 방재공원인 이와쿠라공원을 OIC가 관리하도록 했다. 반면 OIC에서는 학교운영 핵심 방침의 하나로 '지역사회 연계'를 내걸고 지역사회와 함께 교육·연구·학생활동·캠퍼스 만들기 등을 추진하고 있다. 이를 통해 상호 신뢰 관계를 구축하고 지역사회가 가진 문제의 해결, 새로운 가치의 창출 등을 통해 지역사회 발전에 기여하는 것을 목표로 한다.

이에 따라 OIC는 지역협력실을 설치해 지역과 대학의 가교 역할을 맡기고 있다. 지역협력실장은 OIC 부총장보 이케다 신(池田 伸)경영학부 교수가 맡고 있다. 지역협력실은 지역·지자체 등과의 공동 프로젝트 코디, 세미나 및 학생의 지역 프로젝트 지원, 학교 내외 매칭 연계, 지역사회 만들기에 관한 자율 사업(커뮤니티·공창프로젝트·OIC강좌 등), 지역사회 협력에 관한 사례 축적, 정보 수집, 자료 제공, 지역사회 연계 활동, 오픈캠퍼스 만들기 등 광범위하다.

OIC와 이와쿠라공원 사이에는 담이 없어 많은 사람이 모이고 있다. 열린 캠퍼스로 운영되고 있는 것. 또 학생들은 지역사회 행사에 적극 나서 커뮤니티의 활성화에 기여하고 있다. OIC는 이바라키에 자생하는 수목을 배치한 사토야마구역이나 캠퍼스 남쪽에 위치한 가스가 신사의 경관을 위해 조성된 '벚꽃 광장' 가꾸기 등으로 주변 환경과 조화를 이룬 캠퍼스 만들기를 진행하고 있다. 또 친환경 시스템 도입, CO2 저감에 기여하는 건축 설계, 재해에 강한 마을 만들기 프로젝트 등 지역사회의 안심·안전에 기여하는 캠퍼스로 운영하고 있다.

이케다 신 부총장보 겸 지역협력실장은 "이바라키시, 지역상공회의소 등과 서로 필요한 협력방안을 찾아가고 있다."면서 "이바라키시와의 협력이 성공적으로 진행되면 오사카부와도 협의를 해나갈 방침"이라고 말했다.

지역 커뮤니티 공간 퓨처 플라자, 학교도서관 제외한 모든 공간 개방

'퓨처 플라자Future Plaza' 라고 불리는 리츠메이칸대학교 OIC B동은 지역커뮤니티를 위한 상징적 공간이다. 1층에 이바라키상공회의소가 입주해 있고, 2층에는 OIC 지역협력실 사무실이 있다. 학교도서관을 제외한 모든 공간이 개방돼 있어 학생·교직원뿐만 아니라 주민, 직장인, 기업가 등 다양한 사람이 모여 지식과 문화를 함께 공유하고 소통하는 풍요로운 장소다.

1층 컨퍼런스홀은 139석 규모로 소규모 학회나 심포지엄 등에 적합하다. 동시통역 부스도 있어 국제학회도 가능하다. 이벤트홀은 최대 수용 인원 400명의 다목적 공간으로 다양한 스타일의 이벤트·리셉션·행사가 가능하다. 또 음악연습실이 있어 10명 안팎의 파트별 연습에서부터 100명 정도의 합동연습까지 할 수 있다. 마을 라이브러리(MACHI LIBRARY)는 단 한 권의 장서 없이 시작된 '마을 도서관'이다. 각 개인이 스스로 쓴 메시지와 함께 책을 가져 와서 책장을 채우는(植本) 방식으로 도서관을 키워 가고 있다.

이바라키상공회의소는 2015년 4월 OIC 개설과 동시에 이전·개소했다. 약 1천800개 회원 기업 및 관련 단체들이 산학 협력을 추진하고 있다. 1층에는 또 레스토랑 'GARDEN TERRACE LION'이 있어 저녁 때는 와인과 생맥주를 즐길 수 있는 공간으로 변모한다. 실내 120석, 테라스 40석이다. 유명 커피 프랜차이즈도 입주해 있다.

2층은 1천 석 규모의 공연장인 그랜드 홀이 있다. 빨강을 기본색으로 한 시트와 차분한 인테리어에 의한 중후한 느낌이 비일상의 공간을 연출한다. 뛰어난 음향·무대 설비를 갖춘 고품격 공연장으로 행사·강연회·연극·클래식공연까지 가능하다. 갤러리 'R-AGORA'는 세미나, 캠퍼스 견학 등 다양한 용도로 사용할 수 있는 오픈 공간도 갖추고 있다. 대형 디스플레이를 통해 캠퍼스의 교육·연구 활동을 소개한다.

2~4층의 OIC 라이브러리(도서관)는 1천100석 규모의 대학 도서관이다. 도서 소장 능력 최대 80만 권. 열람실 일부는 이와쿠라 공원에 접해 있어 전망이 좋다. 3층 콜로키움은 현장감 넘치는 새로운 개념의 교실이다. 스쿨 형식뿐만 아니라 레이아웃을 변경하면 학회나 연구발표를 비롯해 대규모 토론이나 프레젠테이션을 할 수 있다.

PART 2

독일 대학 혁신

독일 고등교육 정책

하이델베르크대학교

튀빙겐대학교 · I

튀빙겐대학교 · II 한국학과

바이에른주 대학정책

뮌헨공과대학교(TUM)

뮌헨직업학교

독일 고등교육 정책

4차 산업혁명 주도

독일은 세계에서 셋째로 많은 노벨수상자를 배출한 나라로 인재개발 및 과학기술 육성으로 경제대국이 됐다. 4차 산업혁명이 시작되면서 독일은 현재 미국과 치열하게 4차 산업 프레임 경쟁을 하고 있다. 독일은 고등교육기관(대학)이 국가혁신체계의 핵심이라고 보고 미래지향적 관점에서 대학정책을 펴오고 있다. 특히 과학기술정책을 대학 중심으로 전개하면서 국가혁신역량을 높여가고 있는 점이 눈길을 끈다.

21세기에 들어서는 4차 산업혁명을 주도하기 위해 연방정부와 주정부가 협력해 고등교육 및 과학연구에 대규모 예산을 투입하는 등 대학혁신을 지원하고 있다.

고등교육 수요 확대

독일에는 1386년 설립된 하이델베르크대학

뮌헨대학교는 독일에서 둘째로 큰 대학이며 34명의 노벨상 수상자를 배출한 독일을 대표하는 명문 종합대학이다. 우수(엘리트)대학에 선정돼 독일정부의 집중지원을 받고 있다. 사진은 Geschwister Scholl(숄 남매) 뮌헨대학 본관 중앙건물 내부다. 한스 숄(오빠)과 소피 숄 남매는 학생 5명과 교수 1명이 결성한 반나치 그룹인 백장미단의 일원이었다. 1942년 6월부터 1943년 2월까지 나치를 비판하며 저항을 촉구하는 전단을 여섯 차례 배포하다 발각돼 사형당했다. 이후 이들을 추모하기 위해 'Geschwister Scholl 뮌헨대 중앙건물'로 불리고 있다. 중앙건물 내에는 백장미단 기념 벽판, 소피 숄의 동상이 있다.

을 비롯해 역사와 전통을 자랑하는 대학이 많다. 전통적으로 '순수 학문 연구'와 '지식 전수'를 대학의 주요기능으로 강조해 왔다. 때문에 1950년에는 대입 적령기 학생의 5%만이 대학에 진학했다. 대부분 학생은 중학교나 고교 졸업 후 직업학교를 통해 사회에 진출했다. 산업화에 필요한 절대 인력을 직업학교를 통해 배출한 것이다.

하지만 1968년 소위 68학생운동 이후 대학진학 수요가 급증하면서 독일 대학은 양적 성장을 한다. 나아가 산업고도화에 따른 고급인력 수요가 늘어나면서 2000년 전후로 엔지니어, 전산, 사회복지, 농업, 디자인 등의 분야에 대한 인력육성을 위해 전문기술대학이 많이 생겨났다.

이에 따라 2009학년도 겨울학기 기준으로 410개 대학에 212만 명이 재학하게 된다. 또 2014년부터는 대학 진학생 수가 직업학교 학생 수를 초과했다. 직업학교 졸업생 가운데도 3분의 1이 대학입학자격을 취득하고 있다. 2018년 통계에 따르면 동일 연령대 50% 이상이 대학에 진학하고 있어 고등(대학)교육이 명실상부 보편적 교육으로 자리 잡고 있는 것으로 나타났다.

그러나 1970년부터 시작된 양적 팽창에도 불구하고 국가재정 투입이 이에 미치지 못하면서 교육 및 연구기능이 침체되는 현상이 2000년대까지 이어졌다. 급기야 세계 대학 주요 랭킹에서 독일 대학이 밀려나면서 독일 연방정부와 주정부는 대대적인 대학교육 혁신에 착수했다.

탁월대학 프로그램

은 무려 20년이 넘는 장기계획으로 진행되고 있다. 먼저 주목되는 것은 독일 내 10여 개 대학을 국제 톱 랭킹으로 끌어올리는 것을 골자로 하는 '우수대학 이니셔티브' 정책이다. 연방정부와 주정부는 대학의 국제 경쟁력 제고를 위해 2005년 7월 '탁월(우수)대학 이니셔티브(Exzellenz initiative)' 협정에 서명했다. 대학혁신 및 경쟁력 강화를 위해 2006~2011년 총 19억 유로를 지원하기로 하고 연방정부가 75%, 주정부가 25%를 부담하는 내용이다.

이 사업은 3개 카테고리로 짜였다. 대학·산업계·공공연구기관이 공동으로 참여하는 '우수클러스터 지원사업(Exzellenzcluster)'은 세계적 수준의 연구 진흥을 목표로 37개의 클러스터를 선정하고 클러스터당 매년 약 650만 유로를 5년간 지원했다. 젊은 연구원을 지원하기 위한 박사과정의 '대학원 육성사업(Graduiertenschulen)'을 통해서는 약 40개 대학원을 선정해 대학원당 매년 약 100만 유로를 5년간 지원했다. 그리고 '미래대학 육성사업(Zukunftskonzepte)'은 우수클러스터사업과 대학원 육성사업에 선정된 대학 가운데 일부(우수) 대학을 선정해 집중 육성하는 것이다. 세계 수준의 대학 연구와 국제 경쟁력 향상을 위한 '미래대학 육성사업'에 선정된 대학은 엘리트대학으로 불렸으며, 1차로 3개 대학이 선정됐다.

대학 경쟁력 향상을 위한 노력은 여기서 끝이 아니다. 연방정부와 주정부는 사업 종료 2년을 앞둔 2009년 우수대학 이니셔티브 사업을 2017년까지 계속(2단계)하기로 결정했다. 27억 유로의 기금으로 2012년 11월부터 2017년 10월 말까지 두 번째 프로그램을 진행한 것. 1·2단계를 통해 브레멘대, 훔볼트대, 베를린자유대, 아헨공대, 쾰른대, 드레스덴공대, 하이델베르크대, 튀빙겐대, 콘스탄츠대, 뮌헨대, 뮌헨공대 등 11개 대학이 우수(엘리트) 대학에 선정돼 연방정부와 주정부의 집중지원을 받았다.

6년 단위 사업을 두 차례나 성공적으로 진행한 독일은 2018년 '7+7계획' 이행에 들어갔다. 대학경쟁력 향상을 위해 30년에 걸친 장기 프로젝트를 가동한 것이다. 우수대학 이니셔티브 후속정책은 2018년 수립된 '탁월대학 육성전략(Exzellenzstrategie)' 이다. 이 전략은 세계적 톱 클래스 대학 육성을 목표로 매년 5억 3천300만 유로를 탁월대학집단 및 탁월대학으로 선정된 대학에 최장 14년 동안 지원하는 정책이다. 독일 정부는 2018년 9월 34개 대학 57개 사업을 '탁월대학집단' 으로 선정했다. 2019년 1월부터 2025년 12월까지를 사업기간으로 해 7년간 27억 유로를 지원한다. 연간 3억 8천500만 유로를 들여 사업당 300만~1천만 유로를 투자할 예정이다. 평가 후 7년 더 지원할 계획을 갖고 있다.

독일 정부는 또 2019년 7월에 10여 개 탁월대학(엘리트대학)을 선정해 육성할 방침이다. 탁월대학집단 가운데 선정될 탁월대학에는 2019년 11월부터 2026년 10월까지 7년간 매년 1억4천800만유로를 투입해 대학별로 매년 1천만~1천500만 유로를, 대학연합에 1천500만~2천800만 유로를 추가 지원한다. 이들 사업은 단계 평가를 거쳐 2025년 이후 7년 더 진행된다.

글로벌화

2013년 4월 독일 연방정부와 주정부는 공동으로 '독일 대학의 국제화를 위한 장관 전략' 을 채택했다. 목표는 독일과 다른 나라 간 학생 이동성을 대폭 증가시키는 것이다. 학생들은 재학 기간 중 해외에서 시간을 보냄으로써 추가적인 기술을 습득하고 현대사회에 필요한 국제경험을 쌓을 수 있다. 정부는 해외에서 적어도 3~15개월간 유학하는 재학생의 비중을 차츰 늘렸다. 2020년까지 해외 파견 유학생을 35만 명으로 늘리는 목표를 설정했는데 이미 달성했다고 한다. 독일 젊은 학자들이 과학적으로, 문화적으로 국제적인 자격을 갖추도록 하기 위해 학생·졸업생·과학자의 교류를 확대한 결과다.

앞서 독일학술교류처(DAAD)는 2010년부터 독일 학생의 이동성 향상 프로그램(PROMOS)을 통해 독일 고등교육기관을 지원하고 있다. 또 2015년 DAAD는 'Study Worldwide- Experience It!' 캠페인을 통해 단기 연구, 인턴십, 언어·전문 과정, 그룹여행을 제공하며 해외체류를 촉진시키고 있다.

이외에도 다양한 해외교류 프로그램이 마련돼 있어 현재 해외의 독일 대학 22개 프로젝트가 연방정부의 지원을 받고 있다. 여기에는 카이로 독일대학(GUC), 독일 요르단대학(GJU), 오만 기술독일대학(GUtech), 한국 프리드리히-알렉산더대학, 에를 랑겐-뉘른베르크 FAU 부산캠퍼스 등도 있다.

1999년에 출범한 볼로냐 프로세스Bologna Process도 유럽 내 학생교류를 더욱 촉진시키고 있다. 볼로냐 프로세스는 영국·프랑스·독일·이탈리아 등 29개 유럽 국가들이 이탈리아 볼로냐에서 모여 2010년까지 단일한 고등교육제도를 설립해 유럽 대학의 국제 경쟁력을 높이고자 설립됐다. 볼로냐 선언 후 유럽연합에 속하지 않은 국가도 참여해 회원수가 48개국으로 늘었다. 특히 국립대의 학위제를 통일시킨 점이 눈길을 끈다. 이전까지 유럽 대학은 학사와 석사 과정을 통합해 배우는 마스터 과정을 운영해 왔다. 하지만 볼로냐 프로세스는 이를 미국식 학사·석사·박사제도로 개편했다. 영미권과 동일한 학제로 정비함으로써 국가 간 학생 이동성을 높이고 국제교류를 강화한 것이다. 또 유럽 국가들이 대학 내 구성원의 다양성을 확보하기 위해 1987년부터 시작한 교환학생 프로그램인 에라스무스 프로그램Erasmus Program도 국제화에 기여하고 있다.

독일대학 현황

독일 대학은 다양한 형태를 띠고 있어 국내 대학과 성격 비교가 쉽지 않다. 용어로 보면 우리나라 전문대 같지만 실상은 4년제 일반대학인 경우가 많다. 독일연방교육연구부(BMBF)에 따르면 2018년 겨울학기 기준으로 독일 대학(Hochschulen)은 모두 428개로 집계됐다. 2003년 373개, 2009년 410개 등으로 매년 가파른 증가세에 있다. 이에 BMBF는 대학의 종류를 Universität, Allgemeine Fachhochschule, Kunsthochschule, Verwaltungsfachhochschule, Theologische Hochschule, Pädagogisch Hochschule로 구분하고 있다.

Universitat(106개교)는 종합대학으로 우리나라 4년제 일반대학으로 이해하면 된다. Universitat는 전통적으로 학·석사 공통과정으로 연구중심대학 성격이 강하다. 볼로냐 프로세스 학제개편으로 미국이나 유럽 여러나라와 같이 4년제 학사과정을 도입했지만 졸업생의 3분의 2가 석사과정에 입학할 정도로 연구중심대학 기능은 여전히 강하다.

Allgemeine Fachhochschule(217개 교)는 우리말로 번역하면 일반기술대학, 응용기술대학 정도가 된다. 공과대학이나 4년제 단기전문대학으로 이해하면 될 것 같다. 이 범주에는 소위 독일 유명 공과대(Technical University·TU)가 포함된다. 독일의 공학대학은 자연과학과 공학분야에 특화돼 있다.

역사적 배경에 의해 인문과학 분야의 전공이 개설되는 대학들도 있다. 연구중심대학으로 9개의 주요 공과대학(TU-9)이 있다. 'TU9 Universitäten' 에는 아헨공대, 베를린공대, 브라운슈바이크공대, 다름슈타트공대, 드레스덴공대, 라이프니츠 하노버대, 카를스루에공대, 뮌헨공대, 슈투트가르트대 등이 있다.

Allgemeine Fachhochschule에는 응용학문대(University of Applied Science)도 있다. 음악치료, 건축학, 미술치료, 관광학, 와인 등 실습이 중요하고 필요한 학과들을 포함하고 있는 대학이다. 이런 전공들은 종합대학이 아닌 응용학문대학에서 공부한다. 따라서 Allgemeine Fachhochschule는 Universität의 아래 단계 대학이 아니라 성격이 다른 대학인 것이다.

Kunsthochschule(53개 교)는 우리나라 예술대학에 해당한다. 음악대학(Musikhochschule) 등은 Universitat 내에는 없고 별도 대학으로 설립돼 있다.

종합대학에서 음악을 전공하는 경우는 음악학(Musikwissenschaft)·음악사(Musikgeschichte) 등과 같이 이론을 전공할 때다. 악기연주, 성악, 작곡 등 대부분은 음악대학에서 공부한다.

이 밖에 Verwaltungsfachhochschule(30개 교)는 행정대학이고, Theologische Hochschule(16개 교)는 신학대학, Pädagogisch hochschule(6개 교)는 교육대학을 지칭한다.

국가가 책임지는 독일교육

독일에서는 초·중·고는 물론 직업학교·대학까지 등록금을 내지 않는다. 국가에서 기본적으로 대학까지 의무교육을 실시하는 이유는 분명하다. 개인의 능력 발전과 자아실현이 궁극적으로 국가발전으로 이어진다는 믿음 때문이다. 개개인이 가진 능력·소질·잠재력을 의무교육을 통해 계발시킴으로써 개인의 사회 적응을 돕고 동시에 국가경쟁력도 향상시키겠다는 목적인 셈이다. 이것은 개인의 가정 형편에 관계없이 국가가 책임지고 교육을 해야 한다는 철학으로까지 자리 잡았다.

독일연방 교육연구부는 또 생활이 어려운 학생을 위해 학자금 대출도 시행하고 있다. 연방교육지원법(BAfoG·이하 바펙)에 따라 직업학교 학생, 대학생, 대학원생에게 지원되며 외국인도 일정 요건을 갖추면 이용할 수 있다. 일반적으로 30세까지(대학원 35세까지) 대상이 된다. 1971년 빌리 브란트 서독 수상이 제도를 도입한 이후 꾸준히 보완을 거쳤다. 독일 경제사정이 어려울 때는 한때 수혜자가 많이 줄기도 했으나 최근 몇 년간 재정확충을 통해 수혜 폭을 다시 늘렸다.

독일연방 교육연구부는 2019년 바펙 예산을 증액하고 바펙을 받는 직업학교 학생과 대학생의 규모도 확대할 계획이다. 기본적으로 바펙은 가족 소득에 따라 차별을 둔다. 교육연구부는 2019년 최대 지원금을 기존 735유로에서 850유로로 확대했다. 개별 지원금은 2020년까지 7% 증액할 예정이다. 부모와 같이 살고 있지 않은 학생들을 위한 주택 보조금은 매달 250유로, 최대 450유로를 지급한다. 10세 미만의 자녀를 둔 지원자에게는 월 130유로의 보육료를 지급한다. 학생들은 보통 보조금의 절반은 무이자 혜택을 받는다. 대출 및 지원 종료된 후 상당기간 지급 유예가 가능하고 불가피한 경우 상환을 면제해 준다.

독일은 정부 지원이 확대되는데도 불구하고 대학생 생활비 가운데 비중이 가장 큰 월세비용은 계속해서 올라가고 있어 사회문제가 되고 있다. 녹색당은 현실 물가상승을 고려해 바펙 지원금을 정기적으로 상향 조정하고 연방정부가 기숙사 건축에 더 투자할 것을 촉구

했다. 독일 노동조합연합은 바펙 개혁이 올바른 방향으로 가고 있으나 충분하지 못하다고 지적하고 있다.

2018년 슈피겔지가 보도한 바에 따르면 독일 대학생 86%는 부모에게서 월 평균 541유로(약 70만 8천 원)를 지원받고 있고, 61%의 대학생은 아르바이트를 해서 평균 385유로(약 50만 4천 원)를 버는 것으로 조사됐다. 전체 대학생 280만 명 가운데 55만 7천 명이 평균 500유로(65만 4천 원)의 바펙을 받고 있었다. 또 대학생 5분의 1가량은 친척으로부터 약간의 지원을 받고 있었고, 18%는 장학금·융자·파트너지원·고아연금 등으로 학비를 충당하고 있었다.

초·중·고 교육제도

독일 초·중·고 교육제도는 각 주州에서 관장하기 때문에 연방국가 차원에서 통일된 교육체계는 없다. 우선 독일 유치원(Kindergarten)은 세 살부터 다닐 수 있지만 의무교육은 아니다. 유치원을 마치고 초등학교 4년을 다닌다. 대부분 주에서는 초등학교 졸업 후 학생의 성적과 취향에 따라 진로를 결정해 준다. 대학진학 코스인 김나지움Gymnasium과 직업 코스인 레알슐레Realschule, 하우프트슐레Hauptschule 등 세 개의 선택지가 있다. 바이에른주에서는 하우프트슐레를 미텔슐레Mittleschule라고 한다.

김나지움은 우리나라의 인문계 중·고등학교에 해당하는 것으로 5학년부터 13학년까지 9년 과정이다. 이 기간 대학 수학에 필요한 능력을 배양하게 된다. 초등 과정과 합쳐서 13년간 대학에서 학문을 탐구할 준비과정을 갖게 되는 셈이다. 김나지움이 대학 공부를 위한 준비 단계이므로 김나지움 졸업시험은 곧 대학 입학자격(Allgemeine

Hochschulreife)을 주는 아비투어Abitur로 마무리된다.

레알슐레는 6년 과정으로 졸업시험에 합격하면 사무직이나 행정직 업무를 배운 후 취업할 수 있다. 졸업 후 김나지움에 편입해 대학 진학 공부를 할 수도 있다. 하우프트슐레는 5년 과정이며 졸업시험에 합격하면 직업을 배우기 위한 최소한의 학력을 가진 것으로 인정받는다. 하우프트슐레 졸업 후 레알슐레를 통해 사무직이나 행정직으로 진출할 수도 있다. 레알슐레와 하우프트슐레 모두 직업교육이지만 레알슐레는 중급관리·중급기술자 양성기관이고, 하우프트슐레는 나머지 대다수 학생이 받는 일반 직업교육기관으로 이해하면 된다. 대부분의 주가 이 교육체계로 운영되고 있다.

반면 독일연방은 1970년부터 실험적으로 종합학교(Gesamtschule·5학년부터 10학년을 위한 과정)를 설립해 하우프트슐레, 레알슐레, 김나지움으로 나뉘는 전통적 분류 및 학제를 과감히 없앴다. 일부 주에서 시행하고 있는 이 종합학교 제도는 이제껏 분리돼 온 세 가지의 학교 종류를 통합한 것이지만, 졸업 형태는 세 가지(하우프트슐레 졸업, 레알슐레 졸업, 아비투어)로 나뉜다. 종합학교는 4학년을 마친 후에도 진로선택이 뚜렷하지 못한 학생들에게는 가장 이상적인 학교 형태다. 9학년이 시작할 때까지 진로선택에 대한 결정을 미룰 수 있기 때문이다.

그동안 독일은 전통적으로 하우프트슐레 입학 비중이 높았으나 20여 년 전부터 대학 진학에 대한 수요가 늘어나면서 30% 정도로 그 비중이 점점 낮아지고 있다. 또 직업교육체계가 잘 정비돼 있는 독일에서조차 급격한 산업화로 사회(직장 등)가 요구하는 교육수준에 부합하지 않는 경우가 점차 많아지고 있다. 과거에는 하우프트슐레나 레알슐레를 졸업하면 은행원으로 일하는 데 충분했으나 이제는 아비투어(김나지움 졸업 인정)를 요구하는 등 점차로 높은 학력의 소유자를 선호하는 추세로 바뀌고 있다. 이에 따라 레알슐레와 하우프트슐레 졸업생도 대학진학을 할 수 있도록 문호를 개방하는 주가 늘어나고 있다. 나아가 독일에서는 고학력 수요에 대응해 20년 전부터 꾸준히 전문직업대학을 늘려오면서 이제는 직업학교 진출 학생보다 대학에 진학하는 학생 수가 더 많아졌다.

독일 초등학교(Grundschule) 입학 시기는 우리와 다르다. 매년 6월 30일 현재 만 6세가 된 아이들이 그해 8~9월 첫 학기에 입학한다. 초·중등 개학시기도 주마다 약간 다르다. 바이에른주는 9월에 새학년도가 시작되며 다음해 7월 말 끝난다. 첫 학기인 가을학기는 9월부터 2월까지, 봄학기는 7월 말까지다. 여름방학은 6주이며, 이 역시 주마다 조금 다르다. 겨울방학은 2주일 정도로 비교적 짧다. 대학의 경우에는 10월에 새 학기가 시작된다.

세계적인 연구중심대학
하이델베르크대학교

노벨상 수상자 배출 세계 13위

하이델베르크대학교(Ruprecht-Karls-Universität Heidelberg)는 독일을 대표하는 세계적인 연구중심대학이다. 독일 남서부 바덴 뷔르템베르크주(Land Baden-Württemberg) 하이델베르크시에 위치한 하이델베르크대학은 1386년 설립됐다. 독일에서 가장 오랜 역사를 자랑하고 학문 전 분야에 걸쳐 경쟁력을 확보하고 있는 대학으로 꼽힌다. 현대사회 문제 해결과 미래기술 발전을 위해 전방위적으로 학제간學際間 연구를 촉진하고 있다. 대학 내 서로 다른 학부와 학과 간 공동연구를 권장하고 있을 뿐 아니라 독일 내 다른 대학·연구소나 유럽·영미권·일본 대학과의 다자간 협력으로 학제간 융합 연구 프로그램을 진행하고 있다.

중국 상하이자오퉁대학의 2018년 세계 대학 학술 랭킹(Academic Ranking of World Universities, ARWU)에 따르면 하이델베르크대학은 독일 1위, 유럽 12위, 세계 47위다. 또 2018 QS 세계대학 순위에서는 독일 3위, 유럽 18위, 세계 64위를 기록했다. 타임스 2017·2018 고등교육 순위에서도 독일 3위, 유럽 14위, 세계 47위에 랭크됐다. 2013년 기

베른하르트 아이텔 하이델베르크대 총장은 시종일관 학제간 융합교육 및 융합연구에 대해 강조했다. 베른하르트 아이텔 총장은 저명한 독일 지리학 및 지구과학자(deutscher Geograph und Geowissenschaftler)로 2007년 10월 총장 부임 후 6년 임기를 재임(2007년 10월~2019년 9월)하고 다시 연임이 결정됐다. 3기 임기는 2019년 10월 1일부터 시작해 6년이다. 총장 부임 후 하이델베르크대학 혁신과 경쟁력 향상을 주도했다. 베른하르트 아이텔 총장은 인문학 및 사회과학에 대한 중요성을 확고하게 인식하고 있는 과학자로 알려져 있다.

준 노벨상 수상자 수로 순위를 매기면 세계 13위, 유럽 4위, 독일 1위로 긴 역사만큼이나 빛나는 연구업적을 자랑한다. 독일 노벨상 수상자 절반 이상을 하이델베르크대학에서 배출했다.

하이델베르크 스타일

하이델베르크시 인구는 15만 명이 조금 넘지

만 이 가운데 4분의 1 이상이 학생이다. 하이델베르크대학에만 2만 9천여 명의 학생이 재학 중이고 교직원도 1만 3천여 명에 이른다. 독일 대학은 표준화돼 있어 상급학교 진학을 희망하는 학생은 일반적으로 자신이 살고 있는 곳에서 먼 곳으로 잘 가지 않는다. 하지만 하이델베르크대학은 독일을 대표하는 대학인 탓에 독일 전역에서 우수 학생이 몰려든다. 여기에다 하이델베르크에는 막스플랑크연구소 등 독일을 대표하는 연구기관과 국내외 유명 기업 연구소가 있어 외지인 비율이 여느 도시보다 훨씬 높다.

그러다 보니 하이델베르크는 전통적인 도시임에도 불구하고 가장 독일답지 않은 모습을 가지고 있다. 도시의 전체적인 분위기는 젊고 자유분방하다. 여기에 수많은 관광객이 어우러져 조용하고 질

하이델베르크대학 구 시가지 캠퍼스의 핵심 건물인 본관 정문 위에는 '살아있는 정신(DEM LEBENDIGEN GEIST)' 이라는 글귀가 새겨져 있다. 이 건물은 세미나실 등 다양한 공간을 갖추고 있는데 대부분 인문학과 사회과학 학부생을 위해 쓰고 있다.

서 있는 독일의 다른 도시와는 사뭇 분위기가 다르다. 하이델베르크대학 출신이자 교수를 지낸 실존주의 철학자 카를 야스퍼스(Karl Jaspers · 1883~1969)는 "하이델베르크는 도시가 아니라 하나의 사는 방식"이라고 한 말이 이를 잘 대변한다.

이런 도시문화를 주도하는 곳은 다름 아닌 바로 하이델베르크대학이다. 베른하르트 아이텔Bernhard Eitel 하이델베르크대학 총장은 "하이델베르크대학은 학교 설립 이후 지금까지 학제간 융합연구와 인터내셔널(국제 협력)하게 움직이고 있다."고 강조했다. 1386년 학교설립 후 2년 만에 4개 학부(신학 · 법학 · 의학 · 철학)가 구성됐다. 당시 대학들이 신학이나 법학 등 단일 학부로 출발한 것이 일반적이었던 데 비해 하이델베르크대학은 종합대학으로 융합연구의 밑그림이 그려진

하이델베르크대학 구 시가지 캠퍼스에 있는 뮤지엄. 1층은 전시공간이고 2층에는 총장 집무실이 있다.

것이다. 1890년에는 자연과학부가 다섯 번째 학과로 추가됐다. 이런 역사적 배경으로 인해 하이델베르크대학은 학제간 융합연구가 학교의 문화이자 전통으로 자리잡았다. 교수 신규 채용 때는 학업과정에서 융합연구 실적이 있는지 살펴보고, 교수 임용 후 융합연구가 가능한지가 중요한 채용 판단 기준이 된다.

나아가 학교에서는 의도적으로 융합연구 분위기를 조성하는 데 많은 공을 들이고 있다. 노이엔하이머 펠트Neuenheimer Feld 캠퍼스는 하이델베르크대학의 가장 큰 캠퍼스이자 독일 자연과학 계열 중 최대 규모를 자랑한다. 이 캠퍼스에는 자연과학·공학 계열의 학부·연구소를 비롯해 의학부, 대학병원, 과학분야 도서관 등이 몰려 있다. 학교에서는 융합연구를 장려하기 위해 이 캠퍼스 밑으로 모든 건물이 연결되도록 지하도를 만들었다. 학과, 여러 연구소 간에 각종 자료를 서로 쉽게 전달할 수 있도록 한 것이다. 총길이가 무려 수 ㎞에 이르는 하이델베르크의 명물이기도 하다. 하이델베르크대학은 전통적인 학문의 경쟁력을 유지하면서도 새로운 학문은 기존 학문과의 융합을 통해 발전시키는 전략을 펴 독일과 유럽을 대표하는 대학으로 성장할 수 있었다.

다양한 융합연구

하이델베르크대학은 학부과정에서 다양한 융합전공을 배울 수 있다. 또 학사 단계에서부터 연구프로젝트에 참여하도록 하는 등 학제간 학습과 융합연구를 하는 데 최적의 조건을 갖추고 있다. 특히 '생명에 관한 연구'와 '삶과 관련된 연구'에 많은 비중을 두고, 이들 주제에 대해 전통적인 카테고리를 넘어서는

'융합연구'에 초점을 맞추고 있다. 과학문명 발달로 국가 간, 민족 간 이동 및 교류가 활발하고 기술발전이 급속히 진행되는 환경에서 학문 경계가 뚜렷한 전통적인 연구로는 이들 문제에 대한 해답을 찾을 수 없다고 보는 것이다.

그렇다고 역사와 전통을 자랑하는 학과나 학부를 폐지할 수는 없다. 그 역사 또한 중요한 자산이기 때문이다. 결국 하이델베르크대학은 각각 경쟁력 있는 전통 학부간 상호 융합연구를 통해 새로운 연구, 미래지향적 연구, 문제해결 지향적 연구 시스템을 구축한 것이다.

하이델베르크대학은 2018년 10월에 구조: 물리적 세계, 수학 및 복합 데이터의 응급 현상에 대한 통합 접근법(STRUCTURES: A unifying approach to emergent phenomena in the physical world, mathematics, and complex data), 3D 물질(3D Matter Made to Order-카를스루에대학과 컨소시엄) 등이 탁월대학(연구) 집단(Exzellenzcluster)에 선정됐다. 두 주제 모두 융합연구다.

이에 앞서 하이델베르크대학은 학제간 융합연구의 핵심으로 네 가지 연구 분야인 'FoF'(Field of Focus)를 설정했다. FoF는 생명의 분자 및 세포 생물학적 기초(Molekular-und zellbiologische Grundlagen des Lebens), 물질 세계에서의 구조와 패턴(Struktur- und Musterbildung in der materiellen Welt), 세계화한 세계에서의 문화 역학(Kulturelle Dynamiken in globalisierten Welten), 자기 규제와 통제-개인과 조직(Selbstregulation und Regulation-Individuen und Organisationen) 등으로 역시 융합연구가 바탕이다.

하이델베르크대학은 이와 함께 막스플랑크연구소, 독일암연구센터(DKFZ), 분자생물학센터(ZMBH), 유럽분자생물학연구소 하이델베르크(EMBL), 독일어연구소(IDS) 등 연구소와 기업과의 산학협력 등 협력체계를 갖추고 있다.

하이델베르크대학의 2018·2019학년도 유학생은 5천402명으로 전체 학생의 18.5%에 이른다. 2017·2018학년도 박사과정 학생 1천32명 가운데 3분의 1(284명)이 외국인일 정도로 글로벌을 지향하고 있다. 또한 하이델베르크대학은 630개 유럽대학과 에라스무스 협정, 180개 비유럽 대학과 교류 협력 프로그램, 전 세계 25개 대학 및 교수·연구소와 연구 파트너십을 구축하고 있다. 대표적인 국제 네트워크로는 코임브라그룹 유럽대학연합(EUA), 유럽연구대학(LERU), 독일-일본대학 컨소시엄(HeKKSaGOn)이 있다. 이외에도 하이델베르크대 라틴아메리칸센터(HCLA)(산티아고 데 칠레), 하이델베르크대 오피스 북미(뉴욕), 하이델베르크센터 남아시아(뉴델리), 하이델베르크대 교토 사무소 등을 개설하고 있다.

현재 진행 중인 국제융합연구 가운데 가장 돋보이는 것은 휴먼브레인프로젝트(Human Brain Project·HBP)의 '뉴로-로봇 플랫폼 연구(Neuro-robotics Platform)'다. HBP는 유럽연합(EU)이 자금을 지원한 2개의 대규모 과학 프로젝트 중 하나로 총예산이 10억 유로다. 하이델베르크대학은 이 프로젝트에서 컴퓨터가 능동적으로 학습해 현명한 결정을 내릴 수 있는 사람의 뇌와 같은 '로봇 뇌(뉴로 컴퓨터)' 개발을 맡고 있다. 하이델베르크대학은 전 세계에서 '뉴로 컴퓨터'의 첫 프로토타입(기본 모델)을 개발했다. 이 '로봇 뇌'는 기존 이진법(0과 1)이 아닌 아날로그방식으로 설계됐다. 스위스 로잔대학을 비롯해 유럽 여러 대학 및 연구소와 함께 융합 프로젝트를 수행하고 있다.

베른하르트 아이텔 총장은 "융합연구를 수행하기 위해서는 자기 전공분야에 강해야 하고 꾸준하게 다른 분야와 협력하는 길을 모색해야 한다. 항상 다른 학문분야와 전공자에 대한 관심과 이해가 있어야 한다. 하이델베르크대학은 우리 시대 복잡한 이슈를 해결하기 위한 전략의 핵심으로 '학제간 대화'를 미래 콘셉트로 잡고 있다." 고 말했다.

마르실리우스 콜렉

하이델베르크대학의 학제간 융합연구를 상징적으로 나타내는 것이 마르실리우스 콜렉Marsilius Kolleg이다. 마르실리우스 폰 잉헨Marsilius von Inghen 초대 총장의 이름을 딴 이 콜렉(대학)은 크게 보면 과학과 문화 사이의 가교(융합연구)가 목적이다. 2007년 설립 후 하이델베르크대학을 대표하는 연구스타일이자 문화로 자리 잡았다.

기후 변화, 고령화 사회, 현대 의학의 문제 등과 같이 우리 시대의 많은 시급한 문제는 더 이상 기존 학문만으로는 해결할 수 없다. 따라서 자연과학, 생명과학, 사회 및 법률과학, 문화 및 인문과학 등 다양한 과학과 문화영역에서 상호협력하는 연구가 요구된다. 마르실리우스 콜렉은 이 문제에 대한 하이델베르크대학의 제도적인 해답인 셈이다.

마르실리우스 콜렉의 연구 목표는 자연, 정신, 문화에 대한 포괄적인 이해를 바탕으로 서로 다른 과학·문화 대표자(연구자) 간 대화 촉진, 대학 내 및 하이델베르크 지역에 위치한 비非대학 연구기관과 선택된 국내외 파트너와의 네트워크 구축, 단일 과학·문화를 초월하는 새로운 연구 프로젝트의 시작, 젊은 과학자의 참여를 포함한 연구 프로젝트 수행, 대학 및 일반인에게 획득한 지식의 전달, 학제간 융합연구 수행 등이다.

학교에서는 우선 1년에 15명 안팎의 교수에게 학제간 연구 기회를 준다. 다른 전공을 가진 교수들이 2~3명씩 팀을 이뤄 연구계획서를 제출하면 심사를 통해 연구비를 지원한다. 1년간 기본적인 학교 강의는 면제하고, 융합연구에 많은 시간을 할애할 수 있도록 배려한다. 필요한 시설이나 장비, 연구인력 등도 적절히 지원해 준다. 이런 융합연구를 통해 전혀 새로운 연구 주제, 새로운 테마가 나오기도 한다. 1년간의 융합연구 후에는 각자 자리에서 새로운 연구를 하거나 국가나 연구재단, 기업 등에 추가적인 연구비를 지원받아 후속연구를 이어가도록 하고 있다.

융합연구 기간에는 학제간 워크숍, 심포지엄, 하계 아카데미 및 일반 초청 강연 등으로 보다 폭 넓은 학술 교류를 촉진하고 일반인도 참여시킨다. 주목할 점은 마르실리우스 스터디를 통해 학생들에게도 자신들의 주도 하에 학제간 추가 학습 과정을 제공한다는 점이다.

이러한 마르실리우스 프로젝트를 통해 진화와 문화 인류학의 패러다임으로서의 구현(2013~2019), 인간 게놈의 전체 시퀀싱의 윤리적 및 법적 측면(2011~2014), 기후공학의 글로벌 거버넌스(2009~2012), 사회·문화 변화 과정에서 고령화의 전망(2008~2011) 등의 연구 실적을 낳았다.

에버하르트 카를 튀빙겐대학교 · I

중소기업에 고급 연구인력 공급

독일 남서부 바덴뷔르템베르크주 튀빙겐시는 약 9만 명의 인구 가운데 대학생이 4만 명으로 독일 5대 대학도시 가운데 하나로 꼽힌다. 에버하르트 카를 튀빙겐대학교는 바로 이 교육도시에 자리하고 있다.

1477년에 설립된 독일에서 역사가 깊은 대학 중 하나로, 각종 대학 순위에서 꾸준히 독일 톱10 안에 이름을 올리는 명문이다. 신학이 유명하지만 인문학·철학 등 전통학문과 의학·자연과학도 국제적으로 명성이 높다. 통합된 캠퍼스 없이 튀빙겐시 10여곳에 대학 건물이 흩어져 있다.

튀빙겐대학은 1995년 독일에서 여성 최초로 노벨 의학상을 수상한 크리스티아네 뉘슬라인폴하르트를 비롯해 권터 블로벨(의학상), 베르크 삭크만(의학상), 칼 퍼디난트 브라운(물리학상), 에두아르드 부흐너(화학상), 아돌프 부테난트(노벨 화학상) 등 졸업생과 교수 가운데 다수의 노벨상 수상자를 배출했다.

철학자 프리드리히 헤겔, 천문학자 요하네스 케플러, 시인 횔덜린 등이 졸업했으며 종교개혁자 필리프 멜란히톤과 제265대 교황 베네딕토 16세는 튀빙겐대학 교수를 지냈다. 2018~2019학년도 기준 2만7천500여 명이 재학 중으로 이 가운데 1만6천100여 명이 여학생이다. 신입생은 5천300여 명, 외국인 유학생은 3천900여 명이다. 독일 내 11개 대학만 선정된 엘리트대학에 포함됐다.

혁신 · 학제간 · 국제화

튀빙겐대학을 세계적인 대학으로 이끈 요인을 간단히 설명하면 혁신(Innovativ) · 학제간學際間(Interdisziplinar) · 국제(International) 세 단어로 요약할 수 있다.

이는 대학의 모토인 'Attempto!(시도하다)'와 무관하지 않다. 독일 대학 발전사를 보면 대학 설립 초기 신학·철학·법학·의학이 학과(학부)의 근간을 이루고 19세기 상업화하면서 자연학과(학부)가 생기기 시작한다. 튀빙겐대학은 1863년 독일 대학 최초로 자연과학대학(학부)을 개설했다. 수학·물리학·화학 등 기초과학학부가 대학에서 태동하는데 튀빙겐대학이 선두에 선 것이다.

1904년엔 여성도 대학 공부를 할 수 있도록 개방했다. 1970년대 들어 대학 학부를 14개로 개편했으나, 2010년 프로테스탄트신학부·가톨릭신학부·법학부·의학부·인문학부·경제사회학부·수학자연과학부 등 7개 학부로 혁신적으로 통합·재편했다. 2011년 독일 최초로 이슬람신학센터를 개설했다.

뛰어난 융합 연구기능

튀빙겐대학이 지역사회에서 맡은 중요한 역할은 독일을 대표하는 소위 히든기업에 필요한 고급 연구인력을 공급하는 것이다. 튀빙겐시 주변에는 독일 경제의 상징이라 할 '히든 챔피언', 즉 세계적 경쟁력을 가진 중소기업이 많다. 이들 기업은 규모 면에서 대기업과 비교가 되진 않지만 기술력 하나만은 세계 최고 수준으로 독일경제의 근간을 이루고 있다. 우리나라가 대기업 중심의 수출구조라면 독일은 탄탄한 중소기업이 국가경쟁력을 뒷받침하고 있다.

튀빙겐대학은 전 세계적으로 유명한 연구대학 중 하나다. 국제적으로 매년 다양한 연구 분야에서 우수성을 인정받고 있다. 약 4천 900명의 과학자가 현재 튀빙겐대학에서 일하고 있으며, 4개의 막스플랑스연구소 등 주변에 있는 국립 및 민간 연구소와 협력연구를 진행 중이다. 이 가운데 '통합 신경과학(CIN)센터'는 튀빙겐대학이 자랑하는 신경과학의 공통 플랫폼이자 현재 유럽에서 가장 큰 신경과학 분야 연구소 중 하나다. 2007년 독일정부의 대학지원정책인 '우수 클러스터(Class of Excellence)'로 설립됐다. '뇌는 어떻게 기능을 생성하는가', '그리고 어떻게 뇌의 질병이 이러한 기능을 손상하는가'라는 두 가지 주제로 생물학, 의학, 물리학, 정보 기술 및 공학 분야는 물론 인문학 분야까지 다루는 광범위한 기관 및 개인 연구원이 참여하고 있다. 튀빙겐대 3개 학부를 비롯해 CIN에는 현재 90명에 육박하는 과학자와 CIN이 직접 지원하는 21개의 연구그룹이 참여해 융합연구를 진행 중이다.

튀빙겐대학은 또 2018년 독일정부가 지원하는 탁월대학연구집단에서 3개 첨단융합연구분야가 선정됐다. 머신 러닝, 최첨단 이미징 기술을 사용한 새로운 분자 암 치료법, 감염 치료에 미생물 활용 연구가 최대 14년(7+7)간 정부지원을 받게 됐다.

바덴뷔르템베르크주가 의욕적으로 추진 중인 사이버밸리Cyber Valley사업에도 주도적인 역할을 하고 있다. 미국 실리콘밸리와 대비되는 이 연구 네트워크는 2016년 말 설립됐다. 창립 멤버는 막스플랑크지능시스템연구소, 슈투트가르트대·튀빙겐대, 바덴뷔르템베르크주·아마존, BMW그룹, IAV GmbH, Daimler AG, Robert Bosch GmbH 및 ZF Friedrichshafen AG 등 7개로 민간기관이 참여하는 야심찬 프로젝트다. 인공지능(AI) 분야에서 연구 활동을 집중하기 위해 과학 및 산업계의 국제 핵심 인사들을 모으고 있다. 사이버밸리는 기계 학습, 로봇 공학 및 컴퓨터 비전 분야의 새로운 연구를 진행한다. 튀빙겐대는 이 외에도 연구와 관련한 4개의 플랫폼 구축과 생물학센터(QBiC), 인문사회과학분야의 디지털화 촉진을 위한 e-사이언스 센터, 다학제 연구에 필요한 센터인 LISA+센터 등 뛰어난 연구인프라를 구축했다.

국제화

튀빙겐대의 국제화는 '학생들의 국제교류'와 '국제지향적 연구'라는 두 가지 목표를 추구한다. 튀빙겐대는 동

튀빙겐 시가지.

아시아에 3개의 지부를 두고 있다. 1993년 일본 교토 도시샤대에 일본연구센터, 2001년 중국 베이징대에 유럽연구센터, 2012년 고려대에 한국학연구센터를 각각 설립했다. 또 대학 내에는 가봉·브라질에서 만든 연구소와 일본 도시샤대 사무소가 있다.

튀빙겐대는 국제 다자간 네트워크 구축에도 적극 나서고 있다. 먼저 '마타리키대학 네트워크'를 통해 다트머스칼리지, 더럼대학, 퀸즈대학, 오타고대학, 웨스턴오스트레일리아대학, 웁살라유니버시티 등 유럽·북미·호주·뉴질랜드의 7개 대학과 학술 및 연구교류를 하고 있다.

튀빙겐대학은 또 유럽 연구중심대학의 혁신적인 네트워크인 길드의 창립 멤버다. 길드는 연구정책 강화를 위해 유럽의 주요 연구대학이 컨소시엄을 형성한 것이다. 유럽 최초의 대학인 볼로냐대학을 비롯해 괴팅겐대학, 킹스칼리지런던, 루벵대학, 오슬로대학 등 18개 대학이 참여하고 있다.

이 밖에 유럽시민대학(CIVIS-A European Civic University) 동맹에 7개의 다른 유럽 고등교육기관과 함께 참여해 국제 학생 교류, 유럽 시민사회 협력, 아프리카·중동과의 협력을 증진하고 있다.

에버하르트 카를 튀빙겐대학교 · II 한국학과

전 세계 유일한 한국학 관련 4개 기관 개설

독일 남서부 바덴뷔르템베르크주 교육도시인 튀빙겐시에 있는 에버하르트 카를 튀빙겐대학(Eberhard Karls Universität Tübingen)은 한국과 관련이 많다. 튀빙겐대가 한국어 강좌를 처음으로 제공한 것은 1964년이다. 시점으로 따지면 유럽 대학 내에서 몇 손가락에 꼽힐 정도로 역사가 깊다. 1970년대 들어선 우리나라의 많은 신학자가 튀빙겐대에서 수학했다. 1979년엔 한국학과 정교수가 부임했고 이후 석사과정이 개설됐다. 유럽 대학 중에선 한국학을 선도적으로 받아들였다 해도 과언이 아니다. 2018년엔 마침내 정식으로 독립된 한국학과가 개설됐다.

한국학과 개설은 단지 삼성·LG 등 세계 일류 브랜드의 확산이나 K-pop 등 한류 붐으로 한국에 관심을 가진 독일 학생들이 늘어났기 때문만은 아니다. 오히려 차별화한 교육 커리큘럼, 연구 및 학생교류의 국제화, 학제간·국제간 한국학 연합연구 등이 중요한 요인으로 분석된다. 튀빙겐대는 독립된 한국학과 운영(교육), 한국학연구소 설립(연구), 세종학당 운영(대중화), 고려대 튀빙겐대 한국센터(학생교류·

이유재 튀빙겐대 교수(한국학과)는 9년이라는 짧은 기간에 한국학 교육과 연구기반을 탄탄하게 구축했다. 이 교수가 자신의 연구실에서 한국학과의 성장 과정에 대해 설명하고 있다.

국제화) 설립 등 한국학과 관련된 4개 기관을 가진 전 세계 유일무이한 대학이다.

한국학과 개설과 위기

튀빙겐대에서 동아시아 연구가 포괄적으로 확대된 것은 1974년 동아시아 문학 교수로 Tilemann Grimm 교수가 임명되면서다. 앞서 1964년 한국학 분야의 인력 부족에도 불구하고 한국어강좌가 개설됐지만 일본학과·중국학과에 이어 한국학과 정교수가 부임한 것은 1979년이다. 비록 중국학과 내 한국학과이지만 한국학과 개설은 유럽대학 가운데 손꼽힐 정도로 선도적이었다. 독일 남부지역과 독일어권 스위스지역까지 한국학 전공이 있는 대학은 튀빙겐대가 유일하다. 독립된 학부는 없지만 1981~1982년 겨울학기에 석사 과정이, 그 이후 박사과정도 만들어졌다. 그러나 당시 한국학은 일본학·중국학에 비해 상대적으로 관심이 덜했고 학생 수도 매우 적어 얼마 지나지 않아 위기에 빠졌다.

1986~1987년 겨울학기를 예로 들면 일본학과 학생 153명, 중국학과 286명인 데 비해 한국학은 21명에 그쳤다. 심지어 2003년 Eikemeier 교수가 은퇴하면서는 한국학 전공이 아예 폐지됐다. 2000년대 들어 독일 대학에 구조조정 바람이 불면서 한국학이 그 대상이 된 것이다. 다만 한국어 강좌 기능은 유지됐다. 볼로냐협정에 의해 독일 대학에도 학부과정이 만들어지면서 부전공으로 한국학은 겨우 명맥을 유지하고 있었다.

한국학과 화려한 부활

한국학과 폐지는 튀빙겐대 내에서도 자주 문제가 됐다. 특히 2008년 아시아-동양연구소(Asian-Orient-Institute) 설립을 기점으로 환경변화를 맞게 된다. 그해 튀빙겐대 경영진은 동아시아 연구 분야의 지속적인 이니셔티브를 위해 한국학 교수를 재임용하기로 결정했다. 이 결정은 인문학부와 아시아-동양연구소에 의해 적극적인 지지를 받았다.

이에 따라 이유재 박사가 2010년 한국학과 교수로 임용됐으며 그해 한국학 학부과정이 신설됐다. 결과는 기대 이상이었다. 신입생 8명이나 입학한 것. 한국학 학부과정을 신설하긴 했지만 학생이 몇명이나 올지 불확실해 당시 대학 측은 정원조차 정하지 않았다. 10년 공백이 있는 상태에서 새로 시작하는 학과라 섣부르게 정원제를 했다가 정원을 채우지 못하면 학부 운영이 곤경에 처할 수 있었기 때문이다.

신입생은 학부 부활 이듬해 22명으로 늘고 이후 54명·64명 등 해가 갈수록 학부전공생이 늘어나기 시작했다. 2018년에는 부전공 20명을 포함해 신입생이 무려 110명에 이르렀다. 신입생 대부분이 독일학생이란 점도 특기할 만하다. 2018년 10월 기준 전체 재학생은 399명으로 일본학과·중국학과 등을 제치고 동아시아학과에서 가장 인기 있는 학과로 급부상했다. 2014년에는 석사과정을 개설했다. 결국 한국학과 지망생이 급격히 늘어나면서 학사관리에 부담이 생길 정도라 2019년 10월 새학기부터는 정원제를 시행하기로 했다. 전공 50명, 부전공 20명 정도로 계획하고 있다고 한다.

이에 앞서 한국학과는 2018년 중국학과에서 완전 독립했다. 이 교수는 그해 튀빙겐대에서 설립한 한국학연구센터 소장직도 맡고 있다. 튀빙겐대에는 아시아학과로 인도학·문화인류학·이슬람학·중국학·일본학·한국학 등 6개 학과가 있다. 이 가운데 교수진으로 따지면 역사가 깊은 일본학과 중국학이 탄탄하다. 하지만 한국학은 학생 수가 가장 많다. 튀빙겐대에서 학과 재개설 후 9년 만에 급성장한 것은 매우 이례적이라고 한다. 한국학 재개설 당시 교원 1.5명으로 출발했으나 지금 교원은 12명으로 늘어났고, 팀워크가 잘 맞아 큰 효과를 봤다고 한다.

한국유학 의무적 시행

튀빙겐대 한국학과가 인기를 끄는 배경엔 국

제사회에서 달라진 한국의 위상도 있지만 무엇보다도 학과운영 및 커리큘럼이 뛰어난 점이 꼽힌다. 2010년 한국학과가 재개설되기 전까지 한국학과의 주요 관심과 주류는 문화인류학 또는 민속학 관점에서의 접근이다. 당시 한국학 교수는 인류학자로 샤머니즘, 민속학 그리고 한국의 전근대에 초점을 맞추고 있었다.

그러나 2010년 이유재 박사가 부임하면서 전근대 한국에서 근현대 한국으로 초점이 바뀌었다. 광복 후 한국의 위상이 많이 달라졌고 한국 근현대사가 학문연구의 가치 면에서도 높다고 판단했다. 식민지시대, 분단과 냉전, 독일 이주, 산업발전 등 근현대 한국의 역사·사회·문화가 근현대 한국학 교육 및 연구로 실용적이면서도 한국의 본질을 이해하는 데 도움이 된다는 것이다.

이 박사는 더 나아가 학부과정 전 학생에게 의무적으로 1년간 한국에서 유학하도록 했다. 일반적으로 학생교류는 일부 우수학생을 대상으로 진행되는 데 비해 튀빙겐대 한국학과는 모든 학생을 대상으로 해외유학을 추진했다. 독일 학부과정이 6학기(3년)인 점을 고려해 가능하면 4~5학기에 한국 대학에서 공부하도록 했다. 이를 위해 2012년 고려대에 튀빙겐대 한국센터를 설립했다. 튀빙겐대 학생의 한국 유학이 시작된 것이다.

이 같은 한국유학 의무화는 과거 한국학 전공자들 가운데 상당수가 한국말을 제대로 하지 못한다는 점을 개선하기 위한 차원이기도 하다. 적어도 학부과정을 졸업하면 한국어 읽기, 쓰기, 말하기는 확실히 할 수 있도록 커리큘럼을 구성했다. 학생교류를 시작하면서 당시 튀빙겐대 총장과 본부에서는 한 해 20명이 넘으면 성공적이라고 봤지만 이듬해에 목표치를 넘어설 정도로 인기를 끌었다. 유학생이 급증하면서 튀빙겐대 한국학과는 현재 고려대·서울대·성균관대·서강대·전북대·충남대·이화여대·숙명여대·한양대 등과 학생교류를 하고 있다. 특히 2014년 학부생 졸업에 맞춰 석사 과정을 개설하면서 서울대와는 이중 석사학위제를 도입했다. 1년은 독일에서, 나머지 1년은 서울대에서 공부하고 한국어로 서울대에 논문을 제출하도록 했다.

튀빙겐대는 또 2012년에 일반인 교육을 위해 세종학당을 설립했다. 튀빙겐대에서 한국학을 공부하지 않은 다른 전공 학생과 일반인을 위해 한국어 수업을 하고 있다. 운영은 튀빙겐대 한국학과에서 맡고, 학당장은 이유재 교수가 맡았다. 세종학당은 매학기 100명 정도 수강하고 있으며 영화제, 음악회, 설날 행사, 한글날 행사, 사진전시, 말하기 대회 등 다양한 프로그램으로 한국에 대한 이해의 폭을 넓히고 있다.

전방위 교류

튀빙겐대 한국학과의 교류 폭은 상당히 넓다. 한국학 관련 연구 분야도 넓지만 교류하는 국가가 유럽, 동아시아, 북미에 이르기까지 광범위하다. 특히 튀빙겐대 한국학연구소(센터)를 중심으로 본격적인 연구기능을 확대하고 있다. 튀빙겐대 한국학센터는 2016년 한국학중앙연구원의 해외대학 연구소 지원 프로그램인 해외중핵대학에 지원해 선정됐다. 이에 따라 튀빙겐대는 2016년 9월부터 2021년 8월까지 글로벌 코리아 프로젝트를 계획하고 튀빙겐대 내 한국학센터 설립, 학사·석사·박사 과정의 국제 통합 프로그램 확장, 냉전·식민지 및 이주를 중심으로 세계적 관점에서 현대한국에 대한 연구 등을 실행하고 있다.

연구는 기본적으로 한국·독일 관계사에서 출발한다. 1883년 수

교한 양국은 곧 외교관계 수립 140주년을 앞두고 있다. 한국에 독일은 유럽에서 가장 중요한 파트너이고, 독일에 한국은 중국·일본에 이은 세 번째 주요한 동아시아 국가다. 튀빙겐대 한국학센터에서는 양국 관계를 재조명하고 연구범위를 유럽 다른 나라까지 포괄해 종합적으로 연구하고 있다. 2019년 9월엔 중앙대 독일연구센터와 공동 세미나를 개최할 예정이다. 한국학센터는 또 일상생활사에도 많은 관심을 두고 있다. 한국연구재단과 독일학술교류재단(DAAD)의 지원을 받아 일본 도시샤대, 한국 고려대와 협력해 정기적인 모임을 갖고 있다.

학술적으로는 탈식민연구방법론이나 문화냉전사, 지구사 및 일상사 등을 한국학에 접목하는 노력도 하고 있다. 한국에 있는 많은 자료를 바탕으로 한국과 서양의 이론과 연구방법론을 같이 토론하여 새로운 연구 접근법을 찾을 수 있기를 기대하고 있다. 또 독일과 유럽 등 한국 외 나라와 지역에 산재해 있는 현지 한국관련 자료를 발굴하고 정리해 한국자료와 비교·보완하는 구상도 하고 있다. 몇 년 전부터는 북한연구에도 공을 들이고 있다. 특별히 중국과 북한과의 관계를 정리하고 있다.

최근에는 북미연구자들과도 교류 폭을 넓히고 있다. 미국 대학에 독립된 한국학과는 별로 없지만 방법론적인 연구가 잘 축적돼 있어 활용가치가 많기 때문이다. 특히 동아시아 문명과 문화 등의 일반론 등에 대한 연구축적이 잘 돼 있어 한국, 유럽, 북미자료를 비교 검토하면 한국학의 연구범위를 글로벌하게 넓힐 수 있을 것으로 보고 있다. 이를 통해 새로운 자료를 발굴하고 한국자료와 보완하면 기존 연구와는 다른 새로운 연구의 시작점이 될 것으로 기대하고 있다.

한국연구소·대학과 활발한 교류로 한국학 진흥을 주도

튀빙겐대 한국학과가 급성장한 배경에는 이유재 박사의 역할이 절대적이었다. 이 박사는 현재 튀빙겐대 한국학연구센터 소장과 튀빙겐대 세종학당 학당장을 맡으면서 한국학 진흥을 주도하고 있다. 이 박사는 안동 출신 교포 2세다. 아버지가 광부로 독일에 먼저 와 있었고, 자식들을 공부시키기 위해 베를린에 정착한 뒤 가족을 이주시켰다고 한다.

이 박사는 2010년 튀빙겐대 한국학과 교수로 임용된 뒤 학과 기틀을 마련했다. 한국의 연구소·대학과 활발한 교류를 통해 단기간에 한국학과를 튀빙겐대에서 가장 인기 있는 학과로 성장시켰고, 유럽 대학 가운데 매우 탄탄한 한국학 연구기반을 구축했다. 현재는 한국은 물론 중국·일본 등 동아시아, 독일을 중심으로 한 유럽, 미국·캐나다 등 북미지역의 대학 및 연구소 등과의 교류로 한국학 연구영역을 전 세계로 확장하고 있다.

이 박사는 1991~98년 베를린자유대학, 베를린훔볼트대학, 서울대학에서 역사·한국학·철학·정치학을 공부했다. 1999년에 베를린자유대학에서 석사(MA), 2009년 에르푸르트대학에서 박사학위를 받았다. 일반적인 독일대학생과 비교해도 상당히 다학제 융합학문을 했다. 독일 튀빙겐주 박사과정생 장학금과 한국 국제교류재단 박사과정생 장학금을 수혜했다. 연방문화재단(Federal Cultural Foundation)의 프로젝트인 'Project Migration' 연구원(2004년 1월~2005년 2월), 베를린자유대 프리드리히 마이네케(Friedrich Meinecke) 역사연구소 연구원(2006년 9월~2007년 9월), 본 대학 일본·한국학과 동양 및 아시아학과 연구원(2008년 4월~2010년 3월), 튀빙겐대 아시아 학부 한국학과 조교수(2010년 4월~2016년 9월), 서울대 규장각 한국학연구원 특별 연구원(2010년 8월~2010년 2월), 케임브리지대 아시아·중동 학부 방문 학자(2015년 4월~9월), 브리티시 컬럼비아대학 아시아연구소 방문학자 등을 지냈다.

이 박사는 "튀빙겐대 한국학과 학생들이 크게 늘어나면서 한국 대학·학생과의 교류 폭이 계속 확대되고 있다."면서 "앞으로 여건이 된다면 대구경북지역 대학과 적극적으로 학생교류는 물론 학술교류를 하고 싶다."고 말했다.

바이에른주 고등교육정책

바이에른주 대학 졸업 34명 노벨상

독일 남부에 위치한 바이에른 자유주(Freistaat Bayern · 영문 Bavaria)는 면적이 7만 549㎢로 독일에서 영토가 가장 큰 주이고, 인구는 1천300만 명에 달한다. 경제규모는 노르트라인-베스트팔렌주와 함께 독일에서 가장 부유한 주에 속한다. BMW · 아우디 · MAN · 알리안츠 · 지멘스 · 오스람 · 인피니온 · 아디다스 등 독일 유명 기업 본사가 주도인 뮌헨을 중심으로 바이에른주에 있다. 뮌헨 외 주요 도시로는 아우구스부르크 · 뉘른베르크 · 로텐부르크 · 레겐스부르크 · 파사우 · 잉골스타트 · 뷔르츠부르르 등이 있다. 행정구역은 바이에른주 산하에 7개 'Regierungsbezirk'(도 또는 현), 25개 'kreisfreie Stadt'(시), 71개 'Landkreis'(군)를 두고 있다. 지역에 대한 자부심이 강하고 보수적이라는 평가를 받는다. 바이에른주는 지역적 자부심이 너무 강해 시계도 따로 돌아간다는 말이 있다. 튼튼한 재정을 바탕으로 교육 및 직업훈련, 복지정책이 잘돼 있다. 단순 비교는 무리가 있지만 바이에른주는 대구경북과 유사성을 갖는다. 애향심과 지역적 자부심이 강하고 산업화를 주도한 지역인 데다가 경

독일 뮌헨시에 위치한 '바이에른주 교육과학예술부' 건물에는 바이에른주기, 독일 연방기, 유럽연합기가 나란히 걸려 있다.

쟁력을 갖춘 고등교육기관(대학)이 많이 있다는 점에서 그렇다. 바이에른주 교육과학예술부에서 대학 업무를 총괄하고 있는 미하엘 미하취 부국장을 만나 대학교육정책에 대해 들어봤다.

지원하되 간섭하지 않는다

자치와 분권 의식이 강한 독일연방은 교육행정도 주(州)정부가 주도적으로 펴고 있다. 기본적으로 16개 주가 독립적으로 교육정책을 시행한다. 독일연방 교육연구부(BMBF)와 주정부 교육과학예술부 간 종속관계가 성립하지 않는다.

독일을 대표하는 대학 가운데 하나인 뮌헨대. 앞쪽에 분수대가 있는 광장이 보인다. 반나치 그룹인 백장미단의 일원인 뮌헨대 숄 남매를 기념해 '숄 남매(형제)광장' 으로 명명됐다.

중앙정부는 교육의 방향만 제시한다. 연방 교육문제도 연방 교육연구부와 16개 주 교육과학예술부가 모여 협의해 결정한다. 극단적인 경우 연방 교육연구부의 결정을 주정부가 따르지 않는 경우도 있다. 새로운 학제 개편이나 한때 도입됐던 대학 등록금 징수 결정 등도 이를 받아들이는 주정부가 있고 그렇지 않은 주정부가 있었다.

각 주정부가 처한 상황에 맞춰 선택하는 것이다. 다만 의대·법대·사범대·간호대 등 국가적으로 통일된 자격시험을 치러야 하는 학과나 학부는 통일된 학제와 공통 커리큘럼을 갖고 있다. 이들 학과(부)는 연방정부의 인력수급 계획에 의거해 엄격한 정원관리를 받는다. 그 외 대부분 학과(부)는 정원 제한이 없어 입학하기는 쉬우나

실력을 갖추지 못하면 졸업이 어렵다.

기본적으로 대학 자율성(Autonomie)이 보장돼 있어 주정부와 연방 정부에서는 재정지원만 할 뿐 학교운영에 거의 간섭하지 않는다. 독일 대학은 자율적으로 학과를 개설·폐지하고 교육과정을 운영한다.

물론 사안별로 주정부에 통보하거나 협의·인허가 절차 등을 밟기도 한다. 학과 신설·폐지는 대학에서 결정을 하고 난 뒤 주정부와 협의를 거치도록 돼 있다. 특별한 사정이 없는 한 대학의 결정을 존중한다. 하지만 주 전체로 봤을 때 학과 폐지로 필요한 인력 수급에 문제가 있는 경우, 또 학과 규모는 작지만 존치 필요성이 있는 경우 등은 주정부가 학과 존속 결정을 내릴 수 있다.

인기 없다고 무조건 폐과하는 것이 아니라 학문 다양성이나 소수자 보호 등의 가치가 있을 때 주정부가 개입하는 것이다. 하지만 이는 극히 예외적인 경우이고 본질적으로는 대학이 결정해 주정부에 제출하고, 주정부는 대학의 의사결정을 존중하는 문화가 정착돼 있다. 이 때문에 주정부가 대학혁신을 위해 많은 예산을 확보하고 있음에도 불구하고 조건을 맞추는 대학이 많지 않아 불용예산이 상당하다고 바이에른주 관계자는 설명했다.

바이에른의 자랑 9개 종합대학

바이에른주에는 모두 32개의 고등교육기관(Hochschule)이 있다. 이 가운데 9개가 종합대학(Universität), 17개가 응용기술대학(Allgemeine Fachhochschule), 6개가 예술대학(Kunsthochschule)이다. 이 32개 대학에 약 40만 명의 학생이 재학 중이다. 미하엘 미하취 바이에른주 교육과학예술부 부국장은 이 가운데 9개 종합대학을 담당하고 있다. 9개 대학은 아우구스부르크대(Universität Augsburg), 밤베르크대(Otto-Friedrich-Universität Bamberg), 바이로이트대(Universität Bayreuth), 프리드리히 알렉산드대 에어랑갠 뉘른베르크(FAU · Friedrich-Alexander-Universität Erlangen-Nurnberg), 뮌헨대(LMU · Ludwig-Maximilians-Universität Munchen), 뮌헨공대(TUM · Technische Universität München), 파사우대(Universität Passau), 레겐스부르크대(Universität Regensburg), 뷔르츠부르크대(JUM · Julius-Maximilians-Universität Wurzburg) 등이다.

이 가운데 뮌헨대와 뮌헨공대는 독일을 대표하는 세계적인 대학이다. 두 대학을 중심으로 바이에른주 내 대학 졸업자 가운데 노벨상 수상자는 무려 34명이다. 또 2019년 5월 발표한 유럽의 가장 혁신적인 대학 톱100에 바이에른주에서는 프리드리히 알렉산드대 에어랑갠 뉘른베르크, 뮌헨공대, 뮌헨대, 뷔르츠부르크대가 포함됐다. 유럽 600개 이상 대학을 대상으로 특허 출원, 발표 연구논문 인용도 등 10개 항목을 비교했는데 프리드리히 알렉산드대 에어랑갠 뉘른

독일 바이에른주 교육과 학예술부에서 대학업무를 총괄하고 있는 미하엘 미하취 부국장과 함께,

베르크가 2위, 뮌헨공대가 7위, 뮌헨대가 20위, 뷔르츠부르크대가 65위를 기록했다.

바이에른주 대학의 자랑은 9개 종합대학에 인문학·기초과학에서부터 의학·법학에 이르기까지 학생들이 공부할 수 있는 모든 학과가 골고루 갖춰져 있다는 점이다. 바이에른주를 떠나지 않고도 원하는 공부를 할 수 있는 대학교육체계를 갖췄다는 뜻이다. 뮌헨공대 14개 학부, 뮌헨대 16개 학부 등 두 대학만 해도 대학생이 공부하고 싶어하는 웬만한 전공은 다 갖추고 있다. 바이에른주는 독일연방 내 다른 주에 비해 대학에 많은 예산을 투입하고 있으며, 이로 인해 교육도시라는 명성을 얻고 있다. 바이에른주는 주정부 예산 가운데 10%를 대학예산으로 배정하고 있다. 연간 약 7밀리아덴(Millarden) 유로(Euro) 정도 된다. 교육 여건이 좋은 탓에 외국인 유학생 비중도 많은 편이다.

국제경쟁력 강화 3대 정책

바이에른주가 대학경쟁력 향상을 위해 가장 큰 비중을 두는 것은 우수 교원 및 연구진 확보다. 바이에른주에서는 독일과 전 세계에서 인정받는 교수, 연구진을 영입하기 위해 많은 예산을 확보하고 대학에 적극 지원하고 있다. 둘째로 비중을 두는 것은 교육환경이다. 학교 건물부터 최신 연구기자재에 이르기까지 교육과 연구에 불편함이 없도록 막대한 예산을 투자하고 있다. 바이에른주 2019~2020년 대학 예산이 2018년에 비해 무려 8.4% 증가한 사실은 이를 증명한다. 교육수요가 폭발적으로 증가했던 1996년 이래로 가장 높은 지출 증가율이다. 바이에른주는 향후 5년간 지속적으로 교육예산을 늘릴 계획이어서 독일 연방 16개 주 가운데 교육예산 증가폭이 가장 높은 주가 될 전망이다.

마지막으로는 국제화에 상당한 비중을 두고 있다. 바이에른주에서는 각 대학이 외국 유명 대학과 파트너십을 강화하는 데 적극적인 재정 지원을 하고 있다. 국제 경쟁력을 갖춘 외국대학과의 학생·연구 교류 및 공동연구를 적극 장려하고 있다. 최근 바이에른주는 뮌헨대와 영국 케임브리지대학 간 교류협력 체결, 뮌헨공대(TUM)와 영국 런던 임페리얼칼리지 간 협약체결 등을 지원했다.

특히 바이에른주는 4차 산업혁명(독일은 이를 Industrie 4.0이라고 표현한다)에 대한 대학혁신정책으로 열번째 대학 설립을 추진 중이다. 뉘른베르크에 설립할 예정으로 '인더스트리 4.0' 에 적합한 혁신모델을 구상하고 있다. 기존 대학이 혁신연구는 잘하고 있으나 아직까지도 50년 전 수업방식을 유지하고 있는 대학이 많다. 대학은 고전과 현대, 전통과 현대의 조합이 중요한데도 나이 많은 교수들이 자기만의 교육방식을 고수하는 경향도 없지 않다. 혁신모델은 이를 개선하기 위한 것이다. 이번에 새로 설립하는 대학은 완전 디지털화한 대학으로 첨단 교육기자재를 도입해 혁신적인 교육을 하는 데 초점을 맞추고 있다. 또 뮌헨공대의 경우 외곽 캠퍼스에 로봇이나 디지털 관련 혁신기업과 클러스터를 구축해 4차 산업혁명과 관련된 기술개발을 주도하고 있다.

독일을 대표하는 공과대학
뮌헨공과대학교(TUM)

QS세계대학랭킹 '공학·기술' 22위

바이에른주의 주도인 뮌헨시에 있는 뮌헨공대(Technische Universität München · 이하 TUM)는 유럽에서 가장 연구집약적인 대학 가운데 하나이며, 독일 9개 기술대학(TU-9) 중 가장 우수하다는 평가를 받고 있다. 매년 9천여 명이 입학하고 현재 4만1천여 명의 학생이 재학 중이다. 재학생 4만5천 명인 'RWTH 아헨공대'에 이어 독일에서 둘째로 큰 공대다. 특히 외국인 유학생 점유율이 20% 이상으로, 독일 대학 평균인 10%를 훨씬 상회하고 있다. 2019년 영국 대학평가기관 QS(Quacquarelli Symonds)가 매긴 QS세계대학랭킹(QS World University Rankings)에서 전 분야 세계 61위, 공학·기술 분야 세계 22위로 각각 독일 1위를 차지했다. 노벨상 수상자 17명을 배출했으며, 2006년 독일 우수대학 이니셔티브에서 가장 먼저 선정된 3개 엘리트대학(나머지 대학은 뮌헨대·카를스루에공대)에 포함됐다. 2012년에도 우수대학 이니셔티브사업에 연속 선정됐다. 후속사업인 2018년 10월 탁월대학(연구)집단 발표에서도 34개 대학 57개 사업이 선정됐는데 TUM은 6개 사업에 선정된 본대학에 이어 4개 사업을 수주했다.

뮌헨공대 캠퍼스는 구시가지와 신산업단지 클러스터지구 등에 흩어져 있다. 사진은 구시가지에 있는 뮌헨공대 입구와 캠퍼스 내 건물.

TUM은 기본적으로 경쟁력 강화를 위해 학교 설립 후 이어지고 있는 전통을 잘 계승·발전시키고 있다. 이런 전통적인 토대 위에서 우수한 교수진 확보, 우수학생 유치 및 육성, 기업과의 협력 강화라는 세 바퀴가 학교발전의 중심축이 되고 있다.

'우수학생 육성' 은 전체 학생의 약 30%를 국제적인 수준으로 끌어올리는 것이 목표다. '기업협력' 부문에서는 바이에른에 본사를 둔 BMW·아우디·MAN·알리안츠·지멘스·오스람 등 세계적 기업과 산학협력체제를 구축해 연구경쟁력을 끌어올리고 있다. 일류 기업과의 협력은 연구수준 향상과 함께 대학 재정 확충에도 도움이 되고 있다. TUM의 총장 대변인 및 커뮤니케이션 센터장인 울리히 마르쉬 박사를 만나 TUM의 경쟁력을 살펴봤다.

뮌헨공대 총장 대변인 겸 커뮤니케이션센터장인 울리히 마르쉬 박사가 뮌헨공대의 경쟁력에 대해 설명하고 있다.

Only One TUM

1868년 설립된 TUM의 가장 큰 특징은 공학 및 자연과학, 생명과학 및 의학, 경제 및 교육 등 다양한 학부로 구성돼 있다는 점이다. TU-9에 속하는 대부분의 대학이 공학 중심 학과 편성인 데 비해 TUM은 종합대학에 버금가는 학과체계를 구축하고 있다. 심지어 몇 년 전 한 대학을 인수하면서 정치학과까지 개설하고 있다. 이 조합은 독일 어떤 대학에도 존재하지 않는 TUM만의 특징이다. 현재 화학, 전기공학 및 정보기술, 컴퓨터과학, 기계공학, 수학, 의학, 물리학, 스포츠 및 건강과학 등 14개 학부가 있다. 또 첨단건축 및 자연건축에서부터 과학·기술·철학에 이르기까지 150개가 넘는 교육과정을 운영하고 있다.

TUM은 이러한 장점을 적극 활용해 학제간 연구 및 교육 프로그램을 강화하고 있다. 하나의 예로 TUM은 '2011 국제 모터쇼'에서 전기자동차를 선보였는데 연구원과 학생들이 학제간 융합연구로 독자적으로 개발한 것이다. 독일 자동차기업이 개발하기 훨씬 전에 전기자동차를 제작한 것이다. 농업학 역시 위성을 활용한 데이터 분석, 전기공학과의 접목 등으로 새로운 영역을 개척하고 있다. 경영학의 경우 과목의 40%를 물리 등 자연과학과 공학을 이수하도록 하고 있다. 풍부한 자연과학 지식을 쌓도록 해 다른 일반대학 경영학과 졸업생과는 차별화한 능력을 갖도록 하고 있는 것이다.

TUM은 에너지 및 기후, 이동성, 건강 및 영양, 커뮤니케이션 및 정보, 원자재와 같은 미래 분야 연구에 중점을 두고 있다. 또 신기술이 사회적으로 어떤 영향을 미칠 것인가에 대한 융합연구도 진행하고 있다. 학제간 융합연구를 통해 기술발전을 선도하고 있는 것이다. 특히 TUM은 지속가능성에 연구를 집중하고 있다. 유한한 자연자원을 장기적인 관점에서 보전하면서도 활용하는 방법에 대한 연구다. 인공적 방식이 아닌 자연대체 연구, 친환경 공법 등에 연구력을 모으고 있다.

TUM은 학제간 융합연구와 함께 4차 산업혁명에 대응하기 위해 2년 전 디지털 의학과를 신설했다. 100년 역사의 의학과科 전통에 기계엔지니어링학을 접목하는 새로운 시도다. TUM은 또 전 학부(과)에 걸쳐 4차 산업혁명과 관련한 세부적인 연구를 진행하고 있다. 전통적인 학과에 AI 및 로봇을 접목한 새 영역 구축이 주된 방향이다.

기업대학

TUM은 학생·과학자·졸업생 등이 기업가 정

신을 발휘하도록 지원하고 있다. 이는 연구를 통해 발명한 기술이 사회 속에서 지속 가능한 이익을 창출하고 대학 연구원의 국제 경쟁력을 강화하기 위한 것이다. TUM은 1998년 개혁을 통해 점차 '기업대학' 으로 발전했다. 유망한 기술 회사의 창업 기반을 지원하고 있는 것. 창업에 관심이 있는 사람에게 자문을 제공하고 시장 분석을 해준다. TUM은 대학 내 혁신 및 비즈니스 창조센터를 통해 기업가 교육을 강화하고 벤처 캐피털 펀드를 통해 창업을 지원한다. 그 결과 TUM에서는 2018년 80개 스타트업 기업이 시장 진출에 성공했다. 회사는 주로 생산기술, 분석과학기술, 센서 분야 등이며 약 1천명의 고용창출 효과를 냈다.

TUM은 기술이전에도 적극적이다. 다양한 기술 분야의 연구자·연구원·학생 발명품을 적극 마케팅한다. 동시에 TUM에서는 실용연구를 통해 전 세계 기업을 대상으로 고도로 복잡한 기술적 문제를 해결하는 데 도움을 주고 있다. 또 매년 산업계와 6천 건 이상의 협력 계약을 체결하고 있다. TUM은 독일 대학 가운데 특허 출원과 기술이전이 가장 활발한 대학에 속한다. 궁극적으로는 전 유럽을 선도하는 기술창업의 선두주자를 지향하고 있다. TUM은 과학기술의 활용(기술창업)이 지식과 혁신을 위한 세계적 경쟁으로 보고 이를 성공적으로 수행하기 위해 '기업대학체제' 를 구축한 것이다. 강한 기업가 정신은 이제 TUM을 상징하는 대학 문화의 일부가 됐다.

글로벌 대학

TUM은 외국인 학생 및 과학자 비율이 높은 국제대학이다. 재학생의 20%가 외국인 유학생이고, 20개 이상의 영어 학위 프로그램을 제공하고 있다. 싱가포르에 해외 캠퍼스를 설립했고, 브뤼셀·카이로·뭄바이·베이징·상파울루에 지사를 두고 있다. 'Best Connections Worldwide' 라는 모토로 TUM은 전 세계 대학과 긴밀한 네트워크를 유지하고 있다. 상호교류는 연구자와 학생의 정규 교환을 포함해 140개의 파트너 대학과 함께하고 있다. 에라스무스 프로그램 등으로 250개 이상의 유럽 대학과 교류협정이 이루어지고 있다.

TUM은 현재 동남아시아, 동유럽, 라틴아메리카에 주목하고 있다. 2003년 싱가포르에 본사를 둔 GIST(German Institute of Science and Technology)는 TUM의 해외캠퍼스로 학생 400명 규모로 운영되고 있다. BMW 등 현지에 있는 독일기업에 필요한 인력을 공급하기 위해 말레이시아·태국·인도 등의 학생을 교육시키고 있다. 또 독일고등교육진흥원(DAAD)이 시작한 이동성(교환) 프로그램 'Go East' 에도 참여하고 있다.

TUM 학생교환 프로그램은 호주·칠레·일본·캐나다·모로코·멕시코·뉴질랜드·러시아 및 미국 내 35개 이상의 유명한 파트너 대학 중 한 곳에서 1~2학기를 보내도록 하고 있다. 파트너 대학의 학비는 면제된다.

'LAOTSE' 교환 프로그램은 인도·중국·동남아시아(인도네시아·싱가포르·말레이시아·태국·한국)의 20개 이상 파트너 대학 중 한 곳에서 한 학기를 현지 회사에서 인턴십을 통해 사용할 수 있는 기회를 제공한다. 다양한 국제 교류 프로그램을 통해 TUM의 모든 학생에게 한 학기 또는 인턴십을 해외에서 보낼 수 있는 기회를 제공하고 있다. 국제화가 진행되는 과정에서 외국 대학 및 국제 네트워크와의 새로운 계약 및 프로그램이 지속적으로 확대되고 있다.

TU-9, 2006년 공식법인 출범

TU-9은 1900년 이전에 설립된 9개 독일 공과대학의 비공식 컨소시엄으로 2003년에 설립됐다. 이후 2006년 1월 26일 공식 법인으로 TU-9이 창립했다. 본부는 베를린에 있다. 9개 공대는 아헨공대(RWTH 아헨대학-아헨 라인 베스트팔렌 공과대), 베를린공대(TU 베를린), 브라운 슈바이크공대(TU브라운 슈바이크), 다름슈타트공대(TU다름슈타트), 드레스덴공대(Dresden Technical University-TU드레스덴), 라이프니츠 하노버대, 카를스루에공대(Karlsruhe Institute of Technology), 뮌헨공대(TUM), 슈투트가르트대 등이다.

이들 대학의 특징은 전통·탁월함·혁신에 있다. 산업화시대 설립된 이들 대학은 오늘날까지 독일 산업화를 선도하고 우수인력을 공급하고 있다. TU-9은 연구 및 교육기관으로 세계적인 명성을 얻고 있다. TU-9의 국제 네트워크와 혁신적인 산업계와의 다양한 협력은 독일의 과학발전과 산업혁신에 필수불가결한 존재가 됐다. 실제 20만 명이 넘는 학생들이 TU-9 대학에서 공부하고 있다. 이는 전체 독일 학생의 12~15%에 해당하는 비율이다. 공학 전공 대학졸업자의 약 50%, 공학박사 소지자의 약 57%가 TU-9 출신이다.

TU-9의 경쟁력을 확인해 볼 수 있는 것이 2018년 8월 독일 연방교육연구부와 독일연구재단의 우수 클러스터 선정 결과다. 단독 또는 컨소시엄으로 모두 57개 우수 클러스터가 선정됐는데 TU-9이 이 가운데 21개(37%)를 차지했다. 특히 8개 대학은 2개 사업 이상에 선정돼 2019년 7월 엘리트대학 신청 자격을 얻었다. 2018년 10월에는 경북대를 비롯, 우리나라 9개 거점국립대 및 서울대와 MOU를 체결한 바 있다.

대학별 특징을 살펴보면 1870년 개교한 아헨공대는 현재 약 4만

뮌헨공대 전경

5천 명의 학생이 85개 이상의 학위 과정에 등록해 있다. 공학이 중심이다. 대략 40%의 학생이 공학 과목을, 25%는 과학·컴퓨터과학·수학을 전공한다. 또 인문학·사회과학·경제·의학 역시 아헨공대의 주요 연구분야다. 산업공학, 생명공학, 재료정보학, 전산공학, 전산수학과 같은 새로운 학위 프로그램을 도입하는 등 학제간 연구 영역을 넓히고 있다.

1946년 4월에 재개교한 베를린공대의 뿌리는 18세기 건설아카데미로 거슬러 올라갈 만큼 전통이 있다. 현재 115개 학위 프로그램에 약 3만 4천 명이 재학 중이다. 베를린공대의 연구 특징은 비非대학연구기관 및 민간 부문과의 긴밀한 협력이다. 유명 회사들이 베를린공대와 협력관계에 있다. 1745년 개교해 독일에서 가장 오래된 공과대학인 브라운 슈바이크공대는 약 2만 명의 학생이 재학 중이다. 건축·토목·환경공학, 전기공학, 컴퓨터공학, 기계공학이 강하다. 엔지니어링 분야로는 북부 독일에서 가장 큰 규모의 대학이다. 1877년 개교한 다름슈타트공대는 약 2만 5천 명이 재학 중이다. 열 유체 역학 및 연소 기술, 첨단 소재 및 재료, 입자 빔과 물질, 통합 생산 및 제품 기술에 강점을 보이고 있다.

1828년에 설립된 드레스덴공대는 연구가 강한 대학이다. 문화·비즈니스·사회와 긴밀하게 네트워크화한 다양성과 고품질 연구 프로그램이 눈길을 끈다. 18개 학부로 광범위한 학과 스펙트럼을 제공한다. 라이프니츠 하노버대는 약 2만 4천 명의 학생이 다니고 있으며, 니더 작센주에서 둘째로 큰 대학이다. 이 대학의 국제 핵심 연구 주제는 기계공학, 양자광학, 중력 물리학, 생물 의학 연구 등이다. 1825년 개교한 카를스루에공대는 국가의 대규모 연구와 주립대의 과제를 통합해 시너지 효과를 창출하고 있다. 생물학, 화학 및 공정 공학 등 5개 학부가 있다.

유럽에서 가장 활발한 산업지역 가운데 하나인 슈투트가르트에 있는 슈투트가르트대는 1829년 개교했으며, 세계적으로 인정받는 연구와 교육을 하고 있다. 슈투트가르트대는 다임러Daimler와 보쉬Bosch 같은 혁신적인 중소기업뿐 아니라 유명한 연구기관과 함께 유럽 최대의 하이테크 지역 중 하나인 슈투트가르트에서 핵심적인 역할을 하고 있다. 10개 학부에 2만 6천 명이 공부하고 있다.

뮌헨시 데로이스트라쎄[街] 뮌헨직업학교

한 명의 낙오도 없게

독일직업학교 교육은 세계적인 벤치마킹 대상이 될 만큼 거의 완벽한 시스템을 구축했다. 15세부터 60세가 넘은 국민까지 경제활동인구 한 사람 한 사람이 국가와 산업발전에 기여할 수 있도록 직업훈련 시스템을 체계화했다. 요즘 우리나라 교육당국이 '한 명의 아이도 포기하지 않겠다'는 슬로건을 자주 쓰는데 구호 이상의 의미를 찾기 어렵다. 반면 독일은 단 한 명도 낙오없이 모든 국민이 전문직업기술을 가지도록 직업교육을 하고 있다는 인상을 받았다.

중세 마이스터제도부터 근현대의 이중직업훈련시스템(Duale Ausbildung System · 이하 두알시스템)에 이르기까지 체계적인 직업교육의 역사를 가지고 있다. 독일은 이 체계적인 직업훈련제도로 제조업 강국으로 부상했다. 특히 독일 경제를 이끌고 있는 80%의 중소기업이 두알시스템을 통해 우수한 산업인력을 확보할 수 있었다. 독일 국민 개인으로서는 정부와 지자체의 체계적인 직업교육 프로그램을 이수하면 직업을 얻을 수 있고 안정적인 생활이 가능해 건전한 중산층으

뮌헨시 데로이스트라쎄(街)에 있는 뮌헨직업학교센터. 여기에는 뮌헨 기계기술직업학교와 '금속-디자인-메카트로닉스 전문 학교', 금속구조 및 기계 전문학교 등 3개 직업학교가 있다.

로 살아갈 수 있다. 독일 정부 입장에서는 전국민이 경제활동이 가능하도록 체계적인 직업훈련시스템을 구축함으로써 국가 산업 발전을 일으키고, 그만큼 조세수입을 늘릴 수 있었다.

현재 독일의 청년실업률은 매우 낮다. 2019년 5월 독일통계청자료(Statista)에 의하면 15~25세까지의 유럽 주요국가의 청년실업률은 스페인 32%, 그리스 38%, 이탈리아 31%, 프랑스 20%에 비해 독일은 6.8%를 보이고 있다. 이것은 두알시스템에 근거를 둔 이론과 그 활용, 나아가 학교와 기업의 상호 교육체제에서 오는 결과물이다.

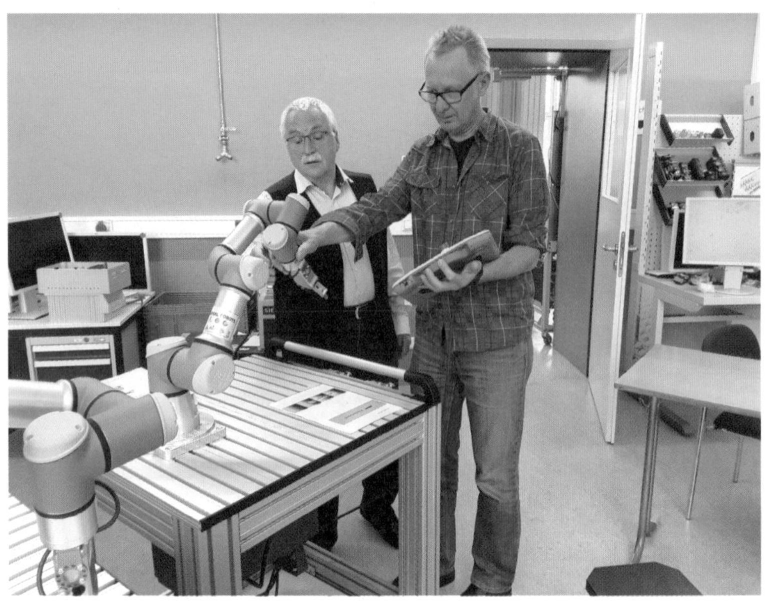
뮌헨 기계기술직업학교 군터 파 교장(왼쪽)과 교사가 로봇 작동법에 대해 의견을 나누고 있다.

독일은 낮은 실업률로 인해 다른 나라에 비해 사회복지비용 지출이 적다. 국가재정정책에서 조세수입 확대와 사회복지비용 지출 구조 개선이라는 두 마리 토끼를 한꺼번에 잡은 것이다.

두알시스템에 필요한 재원 확보 가운데 가장 중요한 것은 기업의 선투자先投資를 이끌어 내는 데 있었다고 한다. 두알시스템 도입 초기에 사실 기업이 비숙련 노동자에게 미래를 보고 투자하는 것은 쉽지 않은 선택이었다. 하지만 두알시스템 교육을 받은 직원들의 성과를 보면서 기업이 적극적인 투자에 나섰다. 그런 만큼 기업이 직업학교에 기업현장에 도움이 되는 교육과정이 편성되도록 적극적인 요구를 하고 있으며, 직업학교는 이를 충실히 반영하고 있다.

독일은 현재 두알시스템의 국제화에도 많은 공을 들이고 있다. 뮌헨시청 및 교육·스포츠부서 크리스티네 빌란트 씨와 뮌헨 기계기술직업학교(Vocatinal school for mechanic engineering) 교장이자 뮌헨직업학교센터(Deroystraße münchen vocational school center) 연구이사인 군터 파 씨를 만나 청소년 직업학교 현황에 대해 취재했다.

뮌헨시 직업교육정책

'모든 아이들이 적합한 직업교육을 받아 잘살 수 있도록 한다. 국적이나, 가정 환경에 관계없이 모든 학생들한테 똑같은 교육환경을 제공해 준다.', '개인은 모두 자신에게 맞는 적합한 재능이 있고 이를 발휘할 수 있도록 적절한 직업훈련교육을 해야 한다.'

이는 뮌헨시의 교육철학이다. 학교도시인 뮌헨은 직업교육에도 많은 재정을 투입하고 있다. 뮌헨직업교육은 100년 역사를 자랑하고 젊은 세대들이 순조롭게 취업을 할 수 있도록 직업교육을 제공하고 있다. 뮌헨시는 직업교육을 일반 학교 교육 못지않게 중요하게 생각하고 있으며 특히 저소득층이나 외국 이민자 등이 소외되지 않도록 정책지원을 강화하고 있다.

젊은이들이 학업 성취도가 낮으면 직업교육을 받을 자격이 없다거나 좋은 직업을 가질 수가 없다는 편견은 존재하지 않는다. 모든 젊은이들이 자신에게 맞는 직업을 가질 수 있도록 다양한 직업훈련 프로그램을 제공해 누구나 사회구성원으로서 권리와 의무를 누리도록 하고 있다.

다양한 직업학교

뮌헨시에는 85개 시립 직업전문학교(Städtische Berufliche Schulen)와 20개 실업학교(Städtische Realschulen), 14개 인문학교(Städtiesch Gymnasien)가 있다. 이 85개 직업전문학교는 기술계 직업학교(Berufsschulen) 36개와 그 후 상위 2년 과정인 전문고등 직업학교 6개(Berufsoberschulen 4개 · Fachoberschulen 2개), 비기술분야 직업학교(Berufsfachschulen) 8개와 그 상위과정인 4개 전문아카데미(Fachakademien), 4년제 수준과 맞먹는 29개 마스터학교(Fach-, Techniker-, Meisterschulen), 2개의 비즈니스 스쿨(Wwirtschaftsschulen) 등으로 짜여 있다.

뮌헨시는 이 85개 직업학교를 통해 취업수요가 많은 다양한 분야에서 학생들이 직업을 배우도록 시스템을 갖추고 있다. 85개 직업학교에서는 360개 이상의 직업군에 대한 교육 프로그램을 제공한다. 기술계통부터 사회복지, 디자인, 기업관리, 제과 제빵 등 다양하다. 교육과정도 단기 2년부터 3.5년 일반과정에 추후 2년의 고급단계 등 맞춤형으로 제공된다. 현재 약 4만 명의 젊은 사람들이 교육을 받고 있다. 기술분야도 철공소 같은 전통적인 직종에서 3D 프린팅과 같은 첨단기술에 이르기까지 광범위하다. 업종별로는 숙련 직종부터 상업 및 행정 직종에 이르기까지 다양하다. 분야별로 보면 자동차기술 기계 분야가 약 10%, 금속분야 10% 등으로 가장 비중이 많고 전기·IT분야가 그 뒤를 따르며 이외 정육기술 마이스터, 요리사, 제빵사 등 360여 개 직업군이 있다고 한다.

직업훈련 교육 프로그램은 기업과 상공인단체, 16개 주 교육관계자, 연방정부 등이 국가와 전 세계의 산업흐름을 주시하면서 주기적으로 업데이트하고 있다. 사회와 산업계의 인력수급을 예측해 적기에 필요한 인력공급체제를 갖춤으로써 구인난을 피하고 실업률도

대폭 낮출 수 있는 것이다.

뮌헨시는 매년 새로운 직업훈련 과정이 창안되고 있고 1996년에서 2005년 사이에만 210개 교육과정의 현대화가 이루어졌다. 또 직업 학교는 산업발달에 맞춰 지속적으로 새로운 커리큘럼을 도입하고 있다. 새로운 교육훈련분야는 이론 및 실용 교육 간의 긴밀한 연관성 아래에서 진행된다. 뮌헨시는 이들 직업학교를 통해 150개 이상의 두알시스템 교육을 제공한다. 뮌헨시 36개 기술계직업학교에서는 독일 유명회사인 지멘스, BMW, MAN(대형 트럭사) 등에 취업한 3만 5천 명에 대한 두알직업교육을 하고 있다. 직업교육생이 4만 명임을 고려하면 고급과정 학생 외 대부분의 학생이 두알직업훈련생인 셈이다. BMW의 경우 직업훈련생은 첫 해에 세금 공제 후 받는 월급이 800~1천 유로이고 해마다 훈련비가 상승한다. 취직되면 첫 월급보다 3배가 되는 급여를 받는다고 한다.

뮌헨시 데로이스트라쎄(街) 직업학교센터

데로이스트라쎄에 있는 뮌헨직업학교센터(Deroystraße münchen vocational school center)에는 뮌헨 기계기술직업학교(Vocatinal school for mechanic engineering)와 '금속-디자인-메카트로닉스 전문 학교(Berufschule für Metall-Design-Mechatronik)', 금속구조 및 기계 전문학교 등 3개 직업학교가 있다. 뮌헨 기계기술직업학교는 BMW 등과 두일교육시스템에 의해 교육받는 학생들이 약 1천300명 된다. 이 가운데 8%가 여성이다. '금속-디자인-메카트로닉스전문학교' 에는 약 1천400명의 학생이 교육을 받고 있고, 이 가운데 15%가 여학생이다. 이들 학생은 대부분 자신이 원하는 직종에서 직업훈련을 받는다고

뮌헨직업학교 3D 설계 교육.

한다. 왜냐하면 직업훈련생 중에 95%가 두알시스템을 통해 교육을 받고 있어 사실상 취업이 확정된 상태이기 때문이다.

베르프슐레 직업학교 교육은 주 39시간이다. 수업은 주로 산업기계, 조립기계, 기계프로그래밍, 기계제작 등의 교육이 주류를 이룬다. 교육시간 가운데 독일어 3시간, 영어 2시간, 종교(가톨릭·개신교 등) 1시간, 사회일반 수업 3시간 등이 포함돼 있다. 이 9시간의 교육은 직장 생활 및 시민으로 살아가는 데 불편함이 없도록 영어교육과 종교교육, 일반 교양교육 등을 통해 다른 문화를 이해하고 함께 어울려 살아가는 능력을 키우기 위한 것이다. 통상 1년은 1주 39시간, 12주 60일이 학교에서 실습과 수업을 받는 시간이다. 두알시스템 수강생들은 방학 중에도 회사에 출근해야 한다.

직업학교 운영비 및 인건비는 바이에른주에서 60%, 뮌헨시에서

40%를 지원해 준다. 교육비는 거의 무료고 학생들은 복사비 정도 부담한다고 한다. 29개 마이스터슐레 학생 중 직장을 구하지 못해 훈련비를 받지 못하는 학생들은 정부에서 월 1천300~1천400 유로를 대출해주고 취업 후 상환하는 장학제도가 있다.

4차 산업혁명 맞춰 메커니컬엔지니어스쿨을 뮌헨공대와 같이 협력해서 교육한다고 한다. 뮌헨공대에 교사과정을 가르치는 교수와 이 직업학교 교사들이 같이 세미나를 하고 뮌헨공대 학생이 직업학교에서 실습을 한다고 한다. 첨단 기술 수요를 세미나를 통해 공유하고, 실습경험을 쌓은 뮌헨공대 학생은 졸업 후 이 학교 교사로 취직할 수 있다고 한다. 일반적으로 기업체보다 학교 교사 급여가 낮아 교사부족 현상을 겪고 있다고 한다.

군터 파 교장은 "두알시스템은 사실 돈이 많이 들어간다. 그러나 장기적 안목으로 보면 반드시 좋은 성과를 얻을 수 있다. 독일이 급속한 경제발전을 할 수 있었던 것도 두알시스템 덕분이다. 유럽에서도 배우려고 하고 있다. 한국에서 15년 전에도 대규모 참관단이 와서 두알시스템을 견학하고 갔으나 아직 본격 시행하고 있다는 이야기를 듣지 못했다. 한국에 두알 시스템을 추천하고 싶다. 그러나 이 시스템이 성공하기 위해서는 한국의 경제계와 교육계, 사회가 통합해서 추진해야 한다. 그것을 할 수 있느냐가 관건"이라고 말했다.

독일 직업교육제도와 두알시스템

독일 학생들은 초등학교 4년 과정을 마치면 학업능력과 적성에 따라 진로가 나뉜다. 이 가운데 50%가 대학진학코스인 김나지움에 입학한다. 나머지 50%가 직업교육과정을 밟는다. 일반적으로 김나지움에 진학하지 않는 초등학교 졸업생의 약 20%가 6년 과정의 레알슐레Realschule에 진학한다. 또 졸업생의 30%는 하우프트슐레Hauptschule에 진학한다. 레알슐레와 하우프트슐레의 차이점은 통상 하우프트슐레에 입학하는 학생들이 공부에 가장 취미가 없는 것으로 보면 이해가 쉬울 거 같다. 레알슐레와 하우프트슐레 과정을 우리나라 학제와 비교하면 실업 중학교 과정으로 보면 될 거 같다. 이 10년 과정을 마치면 본격적인 직업교육을 받게 된다.

가장 일반적인 직업학교는 두알시스템으로 운영되는 베르프슐레Berufsschule 직업학교다. 3~3.5년 과정이다. 통상 직장에서 2주 실습, 학교에서 1주 교육과정이다. 간호사·영양사·사회복지사 등 비기술 분야는 베르프팍슐레Berufsfachschule 직업학교에 입학한다. 통상 2~3년 과정이다. 또 베르프팍슐레 중의 하나로 비즈니스 스쿨(wirtschaftsschule)이 있다. 이 학교는 경제 및 행정 분야의 일반 교육 및 기초 직업 훈련을 제공하는 예비 직업 학교다. 베르프슐레 졸업 후 2년의 고급 과정인 마이스터학교(Fach-, Techniker-, Meisterschulen)를 졸업하면 4년제 졸업과 같은 학위를 인정받는다. 또 베르프슐레 졸업 후 전문고등학교(berufsoberschule와 Fachoberschule)를 마치면 기능장 자격 취득이나 전문대학(Fachhochschule)에 진학할 수 있다. 직업기초교육을 받지 못했거나 두알시스템으로 취업을 하지 못한 젊은이, 초중학 과정을 마치지 못한 청소년을 대상으로는 직업준비교육(BVJ-Berufsvorbereitungsjahr)을 1년간 진행한다. 이 과정을 마치면 베르프슐레에 입학할 수 있다.

독일이 자랑하는 두알스템(Duale Ausbildung System)은 베르프슐레 입학에 앞서 기업들과 취업계약을 작성한다. 독일은 9월에 새 학기가 시작되는데, 그 전에 기업과 취업계약을 하고 베르프슐레에 입학한다. 정부에서는 직업학교 운영비와 학교시설, 기자재, 교사 인건비를 지원하고 학생들은 최소한의 실습비만 부담한다. 기업은 이들 실습학생에게 실습수당을 지급한다. 소위 우리나라와 같은 4대 보험에도 가입된다. 통상 직업훈련생들은 3~3.5년의 직업훈련 교육을 받은 뒤 해당 직종 자격시험을 치러 합격해야 취업할 수 있다. 두 번 떨어지면 그 직장에 취업할 수 없다.

독일은 젊은이들의 취업을 위한 이 직업교육제도 외에 재직자 직업교육 및 평생교육체제도 거의 완벽하게 갖추고 있다. 재직자 교육은 두알시스템에 의해 입학한 직장인이 기술발전에 따른 새로운 기술교육이 필요할 때 재교육을 받을 수 있는 체제다. 또 직장생활에서 진급하거나 업무이동 등으로 현 업무에 맞는 직업능력 향상을 위해 받을 수 있는 교육체제도 갖추고 있다. 나아가 나이와 성별을 가리지 않고 필요한 직업교육을 받을 수 있는 평생교육체제도 문호를 개방하고 있다.

PART 3

이스라엘 대학 혁신

이스라엘 대학 혁신

고등교육정책 뉴 캠퍼스

테크니온공과대학교

텔아비브대학교

히브리대학교

와이즈만연구소

이스라엘 대학 혁신

유대인은 이스라엘이 건국되기 약 100년 전인 19세 중엽부터 대학설립과 과학기술 개발의 중요성을 인지하고 있었다. 18세기 중엽 영국에서 시작된 산업혁명을 지켜본 유대인들은 장차 나라가 생길 경우 과학기술력이 있어야 국가경쟁력을 가질 수 있다고 판단한 것이다.

팔레스타인 지역에 유대인 국가 건설을 목적으로 한 유대 민족주의 운동인 시온주의(Zionism)보다 몇십년 앞서 유대인 대학 및 과학연구소 설립 움직임이 일기 시작한 것이다. 이 같은 움직임이 전 세계에 흩어진 유대인 간에 공감대가 형성되면서 1920년대에 팔레스타인 사막지역에 유대인 대학과 과학기술연구소가 설립되기 시작한다.

국가를 세웠을 때 가장 필요한 것이 나라를 유지·발전시킬 수 있는 과학인재라고 보고 한 푼 두 푼 모은 성금으로 사막에 대학과 연구소를 세운 것이다. 알버트 아인슈타인 등 유대인 과학자들이 대학 교육과정 마련과 과학연구소 설립 등에 큰 영향력을 미쳤다.

1948년 이스라엘 건국에 성공하면서 대학과 기술연구소는 국가 형성에 필요한 인재를 적기에 공급할 수 있었다. 그리고 지금은 인터넷으로 대표되는 4차 산업혁명 시대를 맞아 새로운 대학육성전략을 수립하고 국제 경쟁력 향상을 위해 국가재정을 집중 투자하고 있다.

고등교육정책 전담 고등교육委와 기획예산委

이스라엘의 고등교육기관 업무는 교육부가 아닌 고등교육위원회(The Council for Higher Education · 이하 CHE)에서 총괄하고 있다. 대학정책이 정치권의 영향을 받지 않고 순수한 교육발전 측면에서 정책을 수립하고 집행하기 위한 것이다. 이스라엘은 1948년 건국 후 치열한 논쟁을 거쳐 정치와 행정으로부터 독립된 고등교육정책 기관을 만들기로 하고 1958년 고등교육위원회(CHE)를 출범시켰다. CHE는 이스라엘 고등교육 정책을 전담하는 독립기관이다. 학문의 자유에 대한 침해와 간섭을 막기 위해 정치권으로부터 고등교육제도를 분리하기 위한 목적으로 독립법인으로 출범했다.

CHE의 위원은 19명 이상 25명 이하로 교육부장관이 위원장을 맡는다. 2019년은 위원이 25명이다. 위원 3분의 2 이상은 교육부장관이 협의를 거쳐 대학과 연구소 교수를 추천하면 대통령이 임명한다. 두 명의 학생연합 대표도 당연직 위원이다. 임기는 5년이다. 각 위원간 자유로운 의사결정으로 위원회를 운영하며, 위원장인 교육부장관이 의사결정 과정에 부당하게 개입할 수 없다. 정부 또한 CHE에 어떤 간섭도 할 수 없으며, 위원회의 의사결정권을 존중해야 한다는 것이 고등교육위원회법에 명시돼 있다.

CHE는 이스라엘 고등 교육과 관련된 일체의 권한을 갖고 있다. 구체적으로는 고등교육기관 허가권, 고등교육기관 인증권, 학술협력 증진 및 확장 정책, 학위 수여 감독, 고등교육 기관 추가 설립 및 합병 권고권, 고등교육 정책 입안, 새로운 학위 및 프로그램 인증 제공, 고등교육기관 신규 설립 및 외국대학 분교 허가 등의 권한과 역할을 갖고 있다.

고등교육위원회에는 또다른 독립 위원회로 1972년 기획예산위원회(The Planning and Budgeting Committee · 이하 PBC)를 출범시켰다. 고등교육기관이 확대되고, 예산규모가 커지면서 전문적인 정책수립 및 예산집행기관이 필요했기 때문이다.

PBC는 7명의 위원으로 구성되며, 3년 임기로 교육부 장관이 임명한다. 7명 가운데 2명은 대학 교수, 1명은 대학이 아닌 고등교육기관(예 연구소)의 교수, 2명은 정부 경제분야 관계자여야 한다. PBC 위원장은 CHE의 위원이며, 임기는 6년이다. 위원장 임기가 6년인 것은 이스라엘은 고등교육 정책의 일관성과 독립성·전문성 유지를 위해 PBC에 6년 단위로 고등교육예산을 편성해 배정하는 것과 관계가 깊다. 정치적 상황이나 비상상황에서도 고등교육정책이 일관성을 유지할 수 있도록 6년 단위 예산을 편성한 것이다.

PBC도 기본적으로 독립성이 보장돼 있다. PBC는 학문적 · 국가적 요구를 모두 고려한 국가 차원의 고등교육 발전을 위한 예산편성을 정부에 제안하고, 정부 예산 가운데 고등교육의 몫을 재정부와 협상한다. 또 확보된 예산을 가지고 각 고등기관에 배분하는 역할을 하며, 추가적으로 대학경쟁력 강화를 위한 각종 정책을 수립해 시행하면서 목적성 예산을 배분하는 권한도 가지고 있다. CHE에도 고등교육 프로그램을 제안하고 이를 위한 기금계획을 수립한다. 기존 고등교육에서 새로운 기관을 설립할 때 새 기구의 필요성이나 예산수요 등 전문적인 견해를 CHE에 제시한다.

현재 이스라엘에는 8개 대학, 1개 개방대학, 20개 국립 칼리지(학사과정만 있음), 12개 사립 칼리지, 21개 국립 사범대학 등 모두 62개 고등교육기관이 있다. 이 가운데 사범대학과 사립 칼리지를 제외한 29개 고등교육기관을 CHE가 관할하고 있다. 현재까지 사범대학은 교육부 소관이지만 관할권을 고등교육위원회로 넘기려는 정책을 펴고 있다.

이들 62개 고등교육기관에는 모두 30만 6천여 명의 학생이 재학 중이다. 이 가운데 학부생이 23만여 명, 석사 과정생이 6만 3천여 명, 박사 과정생이 1만 1천여 명이다. 이스라엘 인구가 850만 명을 조금 넘는 것과 비교해 대학생 비율이 매우 높다. 인구대비 대학생 비율이 OECD 국가 중 둘째로 높다고 한다. 이는 이스라엘이 인구증가 정책으로 학령인구가 급증했기 때문으로 분석된다. 이스라엘 학생들은 대체로 의무교육인 고등학교 졸업 후 남자는 3년, 여자는 2년간 군복무를 하고 1년 정도 해외배낭여행 등을 한 뒤 대학에 입학해 다른 나라에 비해 대학신입생 연령이 3~4세 높다.

고등교육정책 뉴 캠퍼스

온라인교육과정 최첨단

이스라엘 고등교육위원회(The Council for Higher Education)는 대학혁신과 경쟁력 향상을 위해 6개년 계획(2017~2022)인 뉴 캠퍼스(The New Campus) 프로젝트를 가동하고 있다. 뉴 캠퍼스 구상의 시작은 인터넷 혁명이다. 인터넷 혁명은 교육뿐만 아니라 연구방법 및 취업에도 막대한 영향을 미치면서 대학혁신의 필요성이 제기된 것이다. 이 인터넷 혁명으로 기존 대학 커리큘럼이나 교수법으로는 시대가 요구하는 인재를 육성할 수 없다는 것이다. 특정 직업의 소멸과 새 직업군의 탄생, 평생 학습체계의 세계적인 변화, 그리고 이스라엘과 해외 고등교육기관 간의 광범위한 학제간 융합연구 및 지식 교환이 필요해짐에 따라 대학혁신 프로그램을 마련한 것이 뉴 캠퍼스 구상이다.

뉴 캠퍼스는 이스라엘 대학이 21세기에 적응하고 교수와 학생이 다른 학문 분야간, 학제간 장벽을 제거하면서 개방성과 기업가 정신을 장려하는 것이 핵심이다. 이스라엘 고등교육위원회 기획예산위원회(The Planning and Budgeting Committee) 위원장인 야파 질버샤츠(Yaffa

이스라엘 고등교육위원회(CHE)의 기획예산위원회(PBC) 위원장인 야파 질버샤츠 교수는 2019년 이스라엘 대통령과 한국을 방문해 두 나라 대학간 교류 활성화 방안에 대해 논의했다.

Zilbershats) 교수를 만나 뉴 캠퍼스의 비전에 대해 취재했다.

디지털 학습

고등교육위원회는 인터넷을 활용해 누구나 쉽게 접근할 수 있는 혁신적인 교육법인 디지털 학습체계를 구축하고 있다. 디지털 학습의 잠재력을 극대화하기 위해 온라인 학습 과정이 개발되고 있다. 인터넷 활용은 수업 중에 실제로 존재하지 않는 가상의 디지털 도구를 사용하여 지식의 영역에 도달할 수 있게 한다. 이는 고등 교육 과정을 보다 쉽게 활용할 수 있도록 하면서 교육의 질과 학습 경험을 향상시킬 수 있는 효율적인 수단으로 보고 있다. 이 이니셔티브를 통해 교수들의 지식 이전을 촉진시키고 학생들의 학습 경험을 향상시키는 데 도움이 되는 대화식 프레젠테이션

레우벤 리블린 이스라엘 대통령이 2019년 7월 17일 서울 그랜드 하얏트 호텔에서 열린 이스라엘 대학 총장 포럼에서 인사말을 하고 있다.

및 비디오와 같은 다양한 도구 및 옵션을 제공하는 최첨단 온라인 교육 과정이 만들어지고 있다. 온라인 교육과정은 무료이고 개방적이라 모든 사람이 접근할 수 있다. 이를 통해 학생과 일반 대중이 다양한 주제를 자유롭게 배우도록 해 사회적 지식 격차를 줄이는 데 일조할 것으로 보인다.

한 걸음 더 나아가 이스라엘은 글로벌 디지털 학습 혁명과 연계하기 위해 미국 하버드대학과 MIT가 설립한 국제 edX 플랫폼에 가입했다. 이를 통해 이 플랫폼에 가입한 현지 학술 기관은 이스라엘 플랫폼에 강좌를 제공할 수 있다. 이 국가 주도적 사업인 디지털 이스라엘(Digital Israel)은 사회복지부와 함께 진행하고 있다.

이스라엘은 이 디지털 학습 촉진을 통해 20대 이후 세대에게 새로운 지식에 쉽게 접근하도록 할 방침이다. 디지털 혁명으로 역동적으로 변한 고용 시장에 대처하기 위해서는 주기적으로 국민들이 새로운 지식을 배워 일터를 바꿔야 하는 만큼 뉴 캠퍼스는 모든 사람이 자신의 지식과 전문 직업을 넓히기 위해 재 교육이나 기술 향상을 가능하게 하는 목표를 가지고 진행하고 있다.

또 젊지만 시대에 뒤처진 학생들, 새로운 직업을 준비하는 사람들, 자신의 풍요로운 삶을 위해 새로운 교육을 받기를 원하는 노인들에게 배움의 기회를 주자는 것이 뉴 캠퍼스의 비전이다. 이스라엘은 뉴 캠퍼스를 통해 사회의 서로 다른 부문들이 서로에 대해 이해하는, 다문화 및 세대 간 대화를 증진시키는 장소가 되기를 기대하고 있다.

학제간 융합교육

오늘날 세계 경제에서는 노동 시장의 요구가 급속히 변화하고 있다. 기업은 광범위하고 균형 잡힌 교육을 통해 협업능력을 갖춘 인재를 찾고 있으며 다양한 분야의 지식을 요구하고 있다.

이에 따라 뉴 캠퍼스는 수백 년 동안 존재해온 학문 분야를 보존하기는 하지만 학제간 연구를 방해하는 장벽을 혁신적으로 없애기 위해 노력하고 있다. 특히 다른 주제를 동일한 대학 학위에 통합하는 새롭고 다양한 조합을 허용하는 이중 전공을 장려한다. 예를 들어 이공계열 학생들도 인문학을 배우도록 하고, 인문사회학과 학생들은 기술 분야도 이중 전공을 할 수 있게 커리큘럼을 짜고 있다.

국제주의 강화

고등교육기관의 국제화 강화는 유능한 유학생을 받아들이고, 이를 통해 이스라엘 고등기관의 국제적 명성을 강화함으로써 이스라엘 학계의 경쟁력을 높이기 위한 것이다. 특히 이스라엘은 고등 교육의 국제화 촉진은 학문적 관점뿐만 아니라 정치적(외국과의 외교적 관계), 사회적·경제적 측면에서도 매우 중요하게 보고 있다.

현재 이스라엘 고등교육기관 유학생의 비율은 약 1.4%에 불과하다. 이 비율은 현재 약 6%인 OECD 국가의 평균보다 현저히 낮다. 여러 가지 이유가 있지만 이스라엘의 고등교육기관에서 대부분의 교육이 히브리어로 진행됨에 따른 언어장벽이 큰 것으로 보고 있다. 나아가 유학생들의 배우자에 대한 비자 및 노동 허가 제한과 같은 정치적 장애물도 한몫하고 있다.

이에 따라 현재 CHE(고등교육위원회)와 PBC(기획예산위원회)는 여러 제약요인을 제거해 2022년에 약 2만 2천 명의 유학생 유치를 목표로 잡고 있다. 이는 2017년 유학생 약 1만 1천 명 대비 두배로 늘어난 수치다. 좀 더 구체적으로 살펴보면 2017~2022년 사이에 국제 박사 후 학생 비율은 120%(1천43명에서 2천300명)로 증가하고 국제 박사 과정 학생은 60%(791명에서 1천265명)로 증가할 것으로 예상했다. 또 같은 해에 국제 석사 학위 학생 수를 두 배(1천462명에서 3천 명)로 늘리고 국제 학사 학위 학생 수도 30% 증가(1천933명에서 2천500명)하기를 기대하고 있다. 여름학기 등 단기 프로그램 유학생 수도 150%(6천 명에서 1만 5천 명) 늘릴 방침이다.

클라우드 시대의 열린 과학

이스라엘도 과학 연구에 모든 사람이 접근을 쉽게 하도록 하는 세계적 추세에 따라 열린 과학(Open Science)으로의 전환에 착수했다. 이것은 한 연구원에게 거의 또는 전혀 쓸모가 없는 결과가 다른 연구원에게는 값을 매길 수 없을 만큼 유용할 수도 있기 때문이다. 열린 과학으로 인해 기초 연구가 주요 업무인 학계에서부터 산업계 및 비학술 단체의 연구원, 나아가 일반 대중에게도 과학에 대한 접근성을 높였다. 열린과학은 출판을 통한 데이터 수집, 처리 및 분석을 포함한 과학 연구의 모든 단계를 포함한다. 데이터 수집 단계에서 연구자가 관찰·측정 및 결과를 공유할 수 있게 하는 것은 급속하게 발전하고 있는 클라우드 기술로 가능해진 데이터 공유 방법론을 적극 활용하기 때문이다.

열린 과학 정책은 데이터 처리 및 분석 단계에서부터 혁신적인 연구 방법과 도구에 접근할 수 있도록 했다. 또 과학 출판도 신속하고 공평한 방식으로 연구 결과를 배포할 수 있는 공개 접근 방식으로 전환된다. 값비싼 구독료로 인해 접근이 차단된 각종 데이터 및 지식에 대한 접근성을 높여 과학연구의 협업을 확대해 연구 성과를 높이자는 것이다.

주력 연구 프로그램

고등교육위 기획예산위원회(PBC)는 국제경쟁력 확보를 위해 몇몇 연구에 국가예산을 집중적으로 배분하는 주력 연구 프로그램(The Flagship Research Program)도 진행하고 있다. PBC는 개

세계 3대 연구소 중의 하나로 꼽히는 이스라엘 와이즈만연구소(Weizmann Institute of Science)는 연구원이 아이디어 발굴이나 새로운 연구를 하는 데 도움을 주기 위해 연구소 조경에도 많은 공을 들이고 있다. 사진은 방문자센터 전경.

인 맞춤형 의약 개발(Personalized Medicine), 양자과학과 기술(Quantum Science and Technology), 데이터 사이언스(Data Science) 등을 이스라엘의 주요 연구주제로 정했다. PBC는 이 세 과학 분야에 대한 일관된 국가적 투자가 이스라엘 연구 능력 향상과 세계 지식 분야에서 이스라엘의 지위를 격상시킬 것으로 전망하고 있다.

— 개인 맞춤형 의약 개발

개인 맞춤형 의약 개발은 국가 간 경쟁이 치열한 분야다. 개인 맞춤형 의약 개발은 개인의 유전적·생물학적·습관적·환경적 차이를 고려한 질병 예방과 치료를 위한 이스라엘 및 전 세계의 혁신적인 접근 방식이다. 연구실과 의료기관에서의 수년간의 광범위한 임상

와이즈만연구소 방문자센터 옆에는 기부자 이름이 적혀있는 타원형 담벽이 있다. 이스라엘 대학과 연구소는 기술개발이나 시설투자에 필요한 재원의 많은 부분을 기부로 충당하고 있다.

데이터는 같은 의약품이라도 동일한 질병으로 고통받는 환자 간에 효능에 상당한 차이가 있음을 보여준다. 예를 들어 유방암이나 전립선암 환자에게 같은 처방을 하더라도 환자마다 진행상태가 매우 다르다.

이스라엘의 개인 맞춤형 의학 이니셔티브(IPMP)는 이스라엘 연구자들이 이스라엘 병원과 HMO(Health Maintenance Organization, 건강유지기관) 데이터베이스에 있는 대용량 데이터를 기반으로 광범위한 연구를 수행할 수 있도록 허용했다. 특히 풍부하고 신뢰할 수 있는 데이터 접근이 가능해졌다. 이 임상 데이터를 이용할 수 있게 만들어 지원자의 게놈 시퀀스와 함께 이들을 검사하면 새로운 치료법의 발견 등을 촉진하는 데 도움이 될 것으로 보고 있다. 이를 통해 개인 맞춤형 의학 분야 연구에서 이스라엘이 세계에서 선두주자가 되기를 기대하고 있다.

— 양자 과학과 기술

이스라엘은 양자 과학과 기술 분야에 국가적 차원에서 역점을 두고 지속적인 투자를 하고 있다. 이를 통해 양자과학 분야의 연구 능력을 향상시켜 이 분야에서 국제 연구를 주도한다는 계획이다. 여기에는 슈퍼 컴퓨터 제작, 도청에 영향을 받지 않는 암호화된 통신, 기존 컴퓨터를 사용하기에는 너무 복잡한 시스템 시뮬레이션 개발, 기존 제품보다 훨씬 민감한 센서, 신물질 개발 등이 포함된다.

— 데이터 사이언스

데이터 과학은 다양한 학문 분야 및 상업적 응용과 관련된 데이터의 수집, 관리, 처리, 분석 및 시각화를 의미한다. 이스라엘은 이 분야에서 지난 몇년 동안 급격한 성장을 이뤘으며, 산업계 · 대학 및 사립 연구 기관 등에서 집중 투자가 이뤄졌다. 데이터 과학은 전 세계적으로 생성된 데이터의 양과 가용성이 크게 증가하고, 크고 다양한 데이터 세트를 처리하고 분석하기 위한 방법, 알고리즘 및 기술이 지속적으로 개발되고 있어 발전 가능성이 큰 분야다.

이스라엘은 데이터 과학은 실질적으로 모든 학문 분야의 연구를 진척시키는 데 도움이 될 수 있으며 정밀 과학뿐만 아니라 사회 과학 및 인문학 분야에서도 혁신적인 발전을 가져올 것으로 전망하고 있다. 이스라엘은 데이터 과학에 집중 투자해 연구와 교육 측면에서 비약적 발전을 이뤄 결과적으로 이스라엘 경제성장의 촉진제가 될 것으로 보고 있다.

창업 국가와 대학

이스라엘은 창업국가(Start-Up Nation)로 불린다. 대학과 연구소뿐만 아니라 모든 국민을 대상으로 창업교육을 하고 실제 많은 국민이 창업전선에 뛰어들어 대박을 노린다. 현재 이스라엘은 나라전체가 기업가 정신으로 무장해 혁신을 이끌고 있는 모습이다. '뉴 캠퍼스' 비전은 전 세계의 선도 기관에서 실시되는 실습과 마찬가지로 모든 학문 분야의 학생과 교수진을 기업가 정신과 혁신의 세계에 노출시키는 것을 목표로 한다.

워크숍, 경연 대회, 해커톤 및 자율 모임을 통해 캠퍼스에서 기업가 정신을 확산시킨다. 또 뉴 캠퍼스는 학생들이 능동적인 학습자가 될 수 있게 도와 주며, 획기적인 혁신을 촉진하는 공간으로 고등교육기관을 변모시키고 있다. 이를 위해 기업가 정신 및 혁신 센터가 각 대학 캠퍼스에 설립될 예정이다. 모든 대학생은 기업가 정신 교육을 받고 강사 및 연구원은 물론 전문 멘토와 협력하여 사회에 영향을 주는 의미있는 프로젝트를 창출하도록 하고 있다. 기업가 정신 및 혁신센터를 통해 캠퍼스에 혁신과 창조성을 높이고 학계와 산업계의 협력을 강화해 캠퍼스를 기업 생태계로 전환시키고자 하고 있다.

뉴 캠퍼스 플랜을 통해 10개 대학 캠퍼스에 기업가 정신 및 혁신 센터를 설립하기로 했다. 히브리대, 텔아비브대, 테크니온 공대 등에 센터를 설립해 캠퍼스에 혁신적인 분위기를 조성하고 창업을 권장하기 위해서다. 또 예루살렘 시청사 등 자치단체 공간도 대학과 연계한 창업공간으로 변모시키고 있다.

나아가 창업을 위해 최근 3년간 하이테크 관련 전문가 학생을 두 배로 늘리는 프로그램도 진행하고 있다. 스타트업을 하려면 기본적으로 하이테크 지식이 필요한 만큼 컴퓨터사이언스, 데이터사이언스, 전자공학 등 하이테크 인력을 키워 창업기반을 강화하고 있다.

야파 질버샤츠 PBC위원장은 "스타트 업은 옛날 구닥다리 방식으로 가르쳐서는 안 된다. 기술과 인터넷 지식 등이 있어야 가능하다. 디지털 학습을 강화하고 비주얼 · 테크놀로지 활용, 자동실현 시스템 활용 등을 강조하는 것도 이 때문이다. 이런 첨단 과학과 기술을 이용해 캠퍼스를 창업과 혁신의 공간으로 변모시키자는 것이 뉴 캠퍼스 비전"이라고 말했다.

눈에 띄는 학교제도

유대인들은 이스라엘이 건국되기 전인 19세기 말에 자기 민족을 교육시키기 위한 히브리어로 진행하는 교육시스템을 갖고 있었다. 그러나 1948년 이스라엘이 건국되었을 때 전혀 낯선 문제에 직면하게 된다. 2000년 이상 나라가 없는 탓에 전 세계 흩어진 유대인들은 그 지역에 적응하면서 외형도 많이 변했다. 유럽이나 미국으로 이동한 유대인은 서구인의 모습이고, 아프리카로 이주한 유대인은 흑인이 됐다. 동양인, 남미, 중앙아시아 등에서 살다가 조국으로 온 유대인도 많다. 그러다 보니 이스라엘 건국과 함께 이들을 이스라엘 국민으로서 정체성을 가지도록 하는 교육문제가 큰 국가적 현안이 됐다. 히브리어와 유대인의 역사를 새로 가르쳐야 했고, 세계시민으로서 가져야 할 인본주의 사상, 양성평등, 민족이나 인종에 대한 차별 철폐 등에 교육 중점을 두었다. 나아가 과학기술 교육을 강화하는 방향으로 교육과정을 마련했다. 전 세계 70여 개국에 흩어져 살던 유대인들이 이스라엘로 귀국하면서 부족한 학교시설을 늘리고 교사를 양성하는 것도 만만찮은 문제였다.

이스라엘에서는 2~3세 어린 나이부터 사회화와 언어발달을 위해 가정교육이 아닌 외부 위탁 교육을 시작한다. 이때는 부모들이 동네에 있는 탁아소 같은데 자녀를 보내 또래 아이들과 어울리게 한다. 탁아소는 주로 지역 여성단체가 운영하고 지자체가 후원하는 구조다.

5세 아이들이 입학하는 유치원부터 고등학교까지가 의무교육으로 교육비가 무료이다. 유치원 교육과정은 언어와 숫자에 대한 기초 개념, 그리고 사회화 과정에 중점을 둔다. 이때부터 이스라엘 교육의 장점이라 할 하브루타havruta 교육이 시작된다.

6세가 되면 6년 과정의 초등학교에 입학한다. 초등학교는 4개의 그룹으로 나뉜다. 주립학교는 대부분의 학생이 다니는 일반 학교다. 주립종교학교는 유대인 학문 및 전통에 비중을 두는 학교다. 아랍과 드루즈Drusze학교는 아랍어 교육 및 드루즈인들의 역사, 종교, 문화 교육에 비중을 두는 학교다. 이슬람교 시아파에서 갈라져 나온 드루즈교를 신앙하는 아랍인을 드루즈인이라고 하는데 이스라엘에서는 14만 명 정도가 거주한다. 마지막으로 사립초등학교는 다양한 종교 기관이나 국제기관에서 운영하는 학교이다. 초등학교 성격에 따라 다소 차이는 있지만 공통적으로 민주적 가치, 히브리어, 이민, 예루살렘지역 이해, 평화, 과학기술 등에 중점을 둔 교육이 이뤄진다.

7~9학년의 중학교, 10~12학년은 우리나라의 고등학교 과정이다. 대부분의 중고등학교는 과학과 인문학의 학문적 커리큘럼을 제공하고 졸업하면 대학 입학 자격을 부여한다. 일부 중고등학교는 전문(실업) 교육을 한다. 공업기술학교들은 세 가지 커리큘럼이 있다. 일부는 고등 교육 과정을 준비하고, 일부는 직업교육 자격증을 목표로 하며, 일부는 실용 기술을 얻기 위해 공부한다. 농업학교는 주로 주

거환경부터 농업과 관련된 과목을 가르친다. 군사 예비학교는 이스라엘 방위군이 요구하는 특정 분야에서 미래 직업수요에 맞춘 기술자를 양성한다.

예시바Yashiva 고등학교는 종교교육을 집중적으로 하며 기숙학교 형태로 운영된다. 유대인 전통과 유대인의 생활 방식을 준수하도록 장려하고 있다. 포괄적인 학교(종합학교)는 회계관리에서부터 전자공학, 호텔관리, 그래픽 디자인 등 다양한 직업교육을 한다. 이 의무교육을 받지 않은 청소년은 견습법(Apprenticeship Law)에 따라 직업학교에서 공부해야 한다. 3~4년 과정으로 2년은 교실수업, 1~2년은 현장수업이다. 일주일에 3일은 학교에서 나머지는 현장실습으로 헤어 스타일링, 요리, 워드 프로세싱 등 다양한 과정이 있다.

성적 상위 3%의 시험에 합격한 영재 어린이는 풀 타임 특별학교에서 집중교육을 받는다. 다양한 융합교육을 하며 새로운 자료를 독창적으로 연구하고 다루는 법을 배운다. 장애학생은 그 정도에 따라 정규학교나 장애학교에 다니며 궁극적으로 사회생활 및 직장생활을 할 수 있도록 유도하고 있다.

이스라엘을 대표하는
테크니온공과대학교

'게임 체인저' 명성

테크니온공과대학교(TECHNION Israel Institute of Technology)는 게임 체인저로 불린다. 전 세계 기술혁신을 주도하고 이스라엘이 창업국가·혁신국가로 발전하는 데 결정적인 역할을 하고 있기 때문이다. 그 때문에 테크니온공대는 이스라엘을 대표하는 최고의 공과대학이라는 평가를 받고 있다. 이스라엘이 독립을 선언하기 36년 전인 1912년 4월 11일에 학교건립을 위한 초석이 놓여졌다. 전 세계 흩어져 있던 유대인들이 산업혁명으로 통신과 인쇄술이 비약적으로 발전하면서 반反유대주의에 맞선 조직을 본격화하던 시점이다. 당시 유대인들은 국가재건을 위해서는 기술교육이 중요하다고 보고 오스만투르크가 지배하던 팔레스타인 사막지역에 학교를 건립하기로 한 것이다. 현재 이스라엘 북부인 하이파지역이다. 1924년 17명의 학생(1명은 여학생)으로 정식개교했다. 당시 알버트 아인슈타인은 직접 학교를 둘러보고 커리큘럼 구성 등 학교설립에 깊이 관여했다. 자신이 직접 강의는 하지 않았지만 제자와 동료 과학자들이 테크니온공대에서 강의하도록 했으며, 자신은 독일에서 처음으로

이스라엘 테크니온공대 기계공학 빌딩.

후원그룹인 테크니온 소사이어티를 결성해 물심양면으로 학교발전을 도왔다. 테크니온공대는 과학기술강국 이스라엘을 대표하는 고등교육기관으로 성장했다. 로이터 통신의 '세계에서 가장 혁신적인 100개 대학' 에 2016년부터 3년간 포함됐다.

세계대학 학술랭킹(상하이랭킹)도 2018년까지 7년 연속 세계 100대 대학에 포함됐으며, 이스라엘 대학 가운데는 3년 연속 1위를 차지한, 명실상부한 이스라엘 최고 대학이다. 이공계대학으로서는 세계 50위권 내에 꾸준히 이름을 올리고 있다. 교수와 연구진 수준을 비교한 세계랭킹에서 8위를 차지했는데 미국대학을 제외하고는 가장 높은 순위였다. 현재 공학, 의학, 자연과학 등 18개 학부에 1만4천500여 명이 재학 중이며 이 가운데 외국유학생은 1천 명 정도다. 학부생이 약 1만 명이고 석사과정 3천100여 명, 박사과정 1천100명이며, 교수진은 550여 명이다. 60개의 연구센터와 133개의 학술프로그

길 라이너(Gil Lainer) 대외홍보국장.

램을 운영 중이다. 길 라이너(Gil Lainer) 대외홍보국장을 만나 테크니온공대의 경쟁력을 취재했다.

세계 과학기술연구 선도

테크니온공대는 개교 후 치열한 논쟁을 거쳐 순수기초학문을 연구하고 건국과 국가안보를 위해 꼭 필요한 학문연구를 하기로 방향을 잡았다. 국가를 유지하고 국제경쟁력 강화에 필요한 인력 공급을 위한 대학운영을 표방한 것이다. 테크니온공대는 짧은 대학역사에도 불구하고 미래전략 과학기술에 대한 선제적인 연구로 국제적인 이공계연구중심대학으로 성장해 가고 있다. 그 대표적인 것이 1950년대 초반 개설한 항공우주학부다. 당시만 해도 많은 국가가 항공우주산업에 무관심한 상황에서 테크니온공대는 이를 미래전략산업으로 보고 연구에 매진한 것이다. 그 덕에 이스라엘 항공우주산업은 세계적인 평가를 받고 있으며, 드론개발, 방위산업 등에서 세계 상위 랭킹을 유지하고 있다.

테크니온공대는 또 60년대에 컴퓨터사이언스(CS)와 전기공학(EE) 학부도 신설했다. 컴퓨터가 상용화되기 훨씬 앞서 이미 학문연구를 시작한 것이다. 나아가 1969년에는 의과대학을 설립한다. 이공계학교에 의과대가 왜 필요하냐는 문제제기도 있었으나 '미래과학은 의학기술도 중요하다'는 관점에서 설립이 허가됐다. 이 같은 선견지명으로 테크니온공대는 의학과 과학을 접목한 새로운 영역에서 전세계 선두주자의 위치를 확보했다. 50년이 지난 지금 과학과 의학의 융합연구로 바이오, 의료용로봇 등 테크놀로지가 기반이 된 의학발전을 주도하고 있다.

현재에는 나노테크놀로지와 물기술에서 단연 앞서고 있다. 나노테크놀로지로 히브리어로 된 초극소형 바이블을 3개 제작해 학교와 교황청 등에서 보관하고 있다. 테크니온공대에는 물 관련 세계적인 연구소가 있다. 물처리, 재활용, 물보안 등에서 세계적인 경쟁력을 확보하고 있다. 테크니온공대는 앞으로는 학생의 50%가 현재 없는 산업에 종사할 것으로 예측되는 만큼 디지털 스킬을 키우는 데 교육 중점을 두고 있다. 변호사 등 비과학분야 종사자도 데이터나 디지털 기반을 확실히 하도록 하고 있다. 태양에너지, AI, 자율주행차, 바이오, 치매 등 각국에서 기술선점을 위해 치열하게 경쟁 중인 거의 모든 분야에서 테크니온공대는 선두그룹을 형성하고 있다.

글로벌

테크니온공대의 글로벌 협력관계에서 가장 돋보이는 것은 미국 뉴욕에 있는 제이콥스 테크닉-코넬연구소(Jacobs Technion-Cornell Institute)와 중국 광둥성 산 터우에 있는 광둥-테크니온연구소(Guangdong Technion Israel Institute Technology · GTIIT)다.

제이콥스 테크닉-코넬연구소는 2008~2009년 미국 금융위기 때 블룸버그 뉴욕시장이 금융일변도인 뉴욕경제의 구조개혁 필요성을 절감하면서 구상하기 시작했다. 뉴욕이 지나치게 큰 비중을 차지하는 금융분야 외에 새로운 혁신성장 동력을 창출하기로 한 것이다. 이 뉴욕 포트폴리오 플랜에 따라 국제적인 공모를 거쳐 코넬대와 테크니온공대 컨소시엄인 제이콥스 테크닉-코넬연구소가 선정된 것이다. 이유는 자명하다. 테크니온공대의 혁신성과 기업가정신 교육체계를 배워 뉴욕을 창업의 허브, 혁신의 허브로 육성하기로 한 것이다. 뉴욕 루스벨트섬에 캠퍼스가 조성됐으며, 미국내에서 완전한 학위를 주는 유일한 외국 대학이다. 이는 당시 뉴욕에 매년 3천~4천 명이 스타트업을 하는데 이 가운데 10% 정도가 이스라엘 사람인 것을 블룸버그 시장이 주목하고 이스라엘 대학 가운데 가장 혁신성이 높고 창업시스템이 잘돼 있는 테크니온공대와 손을 잡기로 한 것이다.

광둥-테크니온연구소 또한 비슷한 과정으로 설립됐다. 세계 30대 부자로 알려진 홍콩 Sun Yefang Foundation의 이사회 회장인 리 카싱Li Ka-shing의 제안에 의해 개교했다. 광둥성 산 터우 출신인 리카싱은 고향에 세계적인 기술대학을 설립하기로 하고 전 세계 70여 개 대학을 견학한 후 테크니온공대를 선택했다고 한다. 역시 테크니온공대의 혁신성과 기업가정신 교육체계를 높이산 것이다. 리카싱의 기부와 광둥성, 산 터우 지자체의 예산 등으로 최첨단 캠퍼스를 조성해 2017년 8월 개교했다. 광둥-테크니온연구소의 비전은 과학 및 기술 분야의 최첨단 연구를 수행하는 세계적 수준의 국제 대학이 되는 것이다. 테크니온공대의 노하우를 물려받아 산 터우 및 광둥성에서 하이테크 산업 생태계를 육성한다. 영어로 교육하며 재료공학과, 식품공학과, 화학공학과, 환경공학과 등에 5천 명 정원을 목표로 하고 있다.

이스라엘의 희망

세 명의 노벨 수상자가 있는 테크니온공대는 게임 체인저로 인정받을 정도로 이스라엘과 전 세계에 미치는 영향력은 막강하다. 짧은 역사에도 불구하고 화학분야에 3명의 노벨상 수상자를 보유하고 있다. 이스라엘은 노벨화학상 수상자가 4명인데 3명이 테크니온공대 출신이다. 또 현대인의 필수품이 된 USB메모리와 이스라엘 미사일 방어(MD) 시스템인 아이언돔(Iron Dome) 등 획기적인 발명품은 테크니온공대 출신들이 최초로 개발했다. 미국 나스닥 시장 등록 기업은 국가별로 이스라엘이 미국과 중국에 이어 3위인데, 이 이스라엘 기업의 3분의 2가 테크니온공대 출신이 이끌고 있다고 한다. 테크니온공대 졸업생의 70% 이상이 이스라엘의 경제 성장을 이끄는 첨단 기술 분야에 종사하고 있다. 현재 이스라엘 회사는 이스라엘의 기술 인력 중 85%를 테크니온공대 출신으로 고용하고 있다.

1995년부터 2014년 사이 20년 동안 테크니온공대 출신들이 무려 1천602개의 기업을 창업했다. 업종비중은 ICT가 53%, 생명과학이

24% 등으로 기술선도형 기업이다. 이 가운데 800개 이상의 기업이 아직도 활동 중이다. 또 300개 기업은 합병이나 인수되면서 260억 달러를 받았다고 한다. 그동안 창업으로 인해 최대 10만개의 일자리를 창출한 것으로 테크니온공대는 자체 분석하고 있고 이를 매우 자랑스럽게 여기고 있다.

현재에도 교수나 대학원생 등에 의해 매년 12~15개의 스타트업이 이뤄지고, 2010년부터 2015년 사이 테크니온 회사에 최대 300만 달러 투자 유치에 성공했다. 또 기술 상용화로 연간 3천500만 달러의 수익을 얻고 있다.

테크니온공대 연구진과 학생들의 혁신성과 기업가정신을 높이 산 구글, 아마존, 마이크로소프트 등 글로벌 플랫폼 기업들은 테크니온공대 주변에 연구소를 마련하고 있다. 테크니온공대 출신 연구원, 졸업생들과 협업을 통해 기업 혁신성을 끌어 올리기 위해서다. 그동안 테크니온공대 출신들이 일궈낸 혁신적인 기술이전 사례를 보면 왜 글로벌 기업이 테크니온과의 협력에 높은 비중을 두고 있는지 알 수 있다.

최근 몇년간 과학·정보기술분야에서의 혁신기술을 보면 나노미터 척도 광학 센서(Optical sensing at the nanometer scale), 효율적 수소 생산(Efficient Hydrogen production), 블랙홀 에너지 연구, 단일 광자 방출(Single photon emissions), 생명과학, 의학, 바이오메드, 의약, 항바이오 저항성(Antibiotic resistance), 심박조율기 줄기 세포(Pacemaker stem cells), 새 항생제(New type of antibiotics) 등 굵직한 것이 많다.

연구개발재단과 T-3,
창업·기업가정신 몸에 밴 학교문화

창업시스템에 있어 테크니온공대의 가장 큰 장점은 학교문화다. 소위 '테크니온공대 DNA'로 불린다. 창업과 기업가정신이 몸에 밴 것이다. 모든 학생에게, 전 교육과정에서 창업과 기업가정신을 가르치지만 그보다 더 중요한 게 있다. 창업과정을 직접 보고 듣고 체득화하는 문화다. 학생이나 연구원은 지도교수의 창업과정을 지켜보거나 함께 참여하면서 몸으로 체득하게 된다. 졸업생의 4분의 1이 창업에 뛰어드는 이유다.

창업에 대한 이런 '테크니온공대 DNA'에 학교측의 체계적인 창업 시스템이 접목되면서 전 세계를 대표하는 창업대학으로 우뚝 솟았다. 테크니온공대의 창업생태계는 연구개발재단〈주〉(TECHNION R&D FOUNDATION Ltd.)과 기술연구소인 T-3를 중심으로 추진된다. 연구개발재단은, 지역 및 국제 연구 기금에 관한 정보의 입수·수집·처리 및 배포, 테크니온 연구원을 위한 적절한 자금 조달 지원 연구, 개발 정보 관리 서비스 및 캠퍼스 마케팅, 테크니온 연구원에게 연구제안서를 수여하는 기관 및 사업체에 대한 안내 및 관리 서비스, 허가 기관 및 사업체와의 계약 관리, 연구비 및 기타 회계의 계약 및 예산 관리 등이다. 적절한 아이디어와 사업화 구상만 있으면 필요한 모든 것을 지원할 준비가 돼 있는 것이다.

T-3는 테크니온공대의 기술이전회사이다. 일종의 창업보육기관으로 독자적인 기업활동이 가능한 단계까지 기업을 육성해 배출하는 역할이다. T-3의 주된 임무는 혁신에 대한 문호를 열어 새로운 아이디어가 세계 시장에서 성공적으로 제품화하고 회사도 원활하게 돌아가도록 한다. 테크니온 연구개발재단(TRDF)의 자회사로, 실험실

과 시장 사이에 브리지(가교) 역할을 한다.

과학적 발견 및 혁신의 변화를 실제 적용된 솔루션으로 촉진하고 지원하는 데 필요한 도구도 제공한다. 과학자, 업계 및 투자자 간의 최적의 제휴를 통해 T-3는 테크니온이 가지고 있는 기술을 상업 부문에 원활하게 이전할 수있게 한다.

또한 인큐베이터, 개인 투자자, 벤처 자본가, 엔젤 그룹 및 기업가의 강력한 커뮤니티와 협력하여 매년 평균 80~100개의 새로운 특허 출원을 제출하고 혁신적인 신생 기업을 수십 개씩 육성하고 있다. 셀 테라피, 약물 전달, 나노 테크놀로지, 인터넷 기술 등과 같은 첨단 분야에 대한 기술과 정보를 제공한다. 지난 몇 년 동안 T-3는 테크니온의 연구에서 비롯된 특허 건수와 상업화 성공 건수 모두에서 눈에 띄게 증가했다.

아질렉트(파킨슨 예방약), 마조르(Mazor-척추 수술용 로봇), 인사이테크(Insightec-무절개 수술법 개발), 디스크 온 키(Disk-on-key: 메모리 스틱), 필캠(PillCam-대장내시경 대체), 리워크(Rewalk-하반신 마비자 보행기), 노보큐어(Novocure-자연적인 전기적 특성을 이용한 뇌종양 치료법), 플러스500(Plus 500-알고리즘을 활용한 차액 결제 (CFD) 방식의 온라인 주식 거래), 구스토(Gusto-웹기반 결제 서비스) 등이 테크니온 공대 출신 연구원과 졸업생들이 최근 성공적으로 기술이전한 사례들이다.

3개의 교육기관이 합병돼 탄생한
텔아비브대학교

학제간 융합연구로 시급한 과제 해결

텔아비브대학(Tel Aviv University · 이하 TAU)은 1956년 3개의 교육기관이 합병돼 탄생했다. 텔아비브 법과대학(1935년 설립), 자연과학연구소(1931년 설립), 유대인연구소(Institute of Jewish Studies)의 3개 연구 기관이 합치면서 개교했다. 이스라엘에서 가장 규모가 큰 대학이자 전 세계 유대인 대학 가운데 가장 큰 대학이기도 하다.

포괄적인(종합적인) 고등교육 기관인 TAU는 과학, 인문, 예술 분야에 걸쳐 9개 단과대학, 125개 이상의 학과(부)에서 3만 명 이상이 공부하고 있다. 해외유학생 비중은 10%이다. 1만5천 명이 학부생이다. 학제 간 협력이 대학문화의 핵심가치다. 학문 간 벽을 허물고 적극적인 학제간 융합연구를 통해 21세기의 가장 시급한 과제를 해결하기 위해 노력하는 대학이다.

대학에서 기업가정신 커리큘럼을 최초로 만든 학교로 이스라엘이 스타트업 국가로 나아가는 데 결정적인 영향을 미쳤다. 2019년 QS조사에서 교수 1인당 인용횟수에서 세계 21위, 이스라엘 1위를 차지할 정도로 1천여 명의 교수진은 대부분 해외학위 소지자들이다.

텔아비브대학 친환경 건물.

유럽연구위원회(ERC)의 젊은 연구원 연구보조금 지급에서 172개 연구기관 중 4위를 차지했다. 2018년 상하이 랭킹에 따르면 컴퓨터학부 세계 37위, 심리학·생물학·수학·법학 75위, 경제·통계·사회학 100위권 내 등 많은 학문분야에서 세계 톱100에 들었다. TAU 국제부서 모린 메이어 아디리 국장과 다나 마타스-애플레로트 아시아 부서장을 만나 인터뷰했다.

학제간 융합연구

TAU는 다양성을 지닌 고등교육기관이다. 거

TAU 국제부서 모린 메이어 아디라 국장(오른쪽)과 다나 마티스-애플레로트 아시아 부서장.

의 모든 학과(부)가 있을 정도로 이스라엘 내 최대 종합대학이다. 대부분의 학과(부)가 국제 경쟁력을 가질 정도로 수준이 높은 것 또한 자랑이다. 국제학계에서 영향력 있는 교수진을 확보해 교육과 연구 두 분야 모두 강점을 가지고 있다.

이런 강점을 최대한 활용해 학문 간 경계를 허물어 융합연구대학의 선두주자가 되었다. 의학, 철학, 윤리, 과학, 예술 등의 경계를 설정하지 않고 인체와 환경을 하나의 시스템으로 간주하는 르네상스 정신으로 미래를 위한 연구를 주도하고 있다.

자신의 분야에서 탁월한 교수와 연구원들이 다른 분야 동료들과 협력을 통해 지식의 경계를 넘는 연구를 촉진하고 있는 것이다. 예를 들어 심리학과와 생물학자는 뇌 영상으로 감정을 매핑하고 생물학적 용어로 의식을 정리하지만 철학자는 이것이 가능한지 또는 도덕적인지를 같이 연구한다. 생물정보학(bioinformatics) 연구는 생명과학부, 의학부, 컴퓨터과학부 연구진이 융합연구를 통해 의학, 농업, 생명과학 등 다양한 분야로의 연구개발을 촉진시키고 있다.

학제간 연구는 인문, 예술분야에서도 활발하다. 문화연구는 학술연구, 논평, 과학글쓰기 등 다양한 활동으로 문학, 역사, 디지털문화간 상호 관계를 발전시키고 있다. 예술분야 또한 TV, 영화, 음악, 연극, 건축 및 사진 등 학제간 만남을 통해 예술의 보편적 기반을 발견하고 확장하고 있다.

우수센터 연구 주도

이 같은 학문 경계를 허문 연구를 다방면으로 진행해 약 130개의 연구소 및 연구센터를 운영하고 있다. 특히 신재생에너지, 나노과학, 뇌연구, 생물정보학, 사이버보안, 신경과학 등의 분야에서 학제간 연구를 위한 최상의 조건을 갖추고 있다.

우선 이스라엘 최대의 슈퍼컴퓨터와 중동 유일 천문대를 보유하고 있다. 곡물개선연구소(The Cereal Crops Improvement Institute)는 세계 여러 나라에 향상된 품종의 종자를 공급했다.

또한 130개 연구기관 운영을 위해 연구개발부총장 직속으로 연구청을 두고 있다. 이 연구청은 국내외 연구지원정보 수집, 연구제안서 작성 대행, 연구 계약, 연구 예산 관리, 연구 성과 모니터링, 정책홍보 등을 담당하며 연구기관을 지원하고 있다.

TAU는 이 같은 체계적인 연구시스템으로 이스라엘 정부에서 전략적 지원을 위해 선정한 11개 우수센터(Center of Excellence) 중 7개에 독자적으로나, 다른 연구소와 파트너로 참여하고 있다. 집단 외상연구(mass trauma research)와 식물이 변화하는 환경에 적응하는 연구는 TAU가 주도하며, 양자(quantum)세계연구는 와이즈만연구소와 공동

이스라엘 텔아비브대학 사이버보안 연구 관련 상징물인 '트로이 목마' 형상. 해킹을 당한 컴퓨터 부품 등을 활용해 제작했다. TAU는 매년 60개국 이상에서 8천여 명의 사이버보안 관련 전문가들이 참여한 가운데 '국제 사이버 안전회의'를 개최한다.

연구를 진행하고 있다. 근대유대문화연구, 빅뱅연구 등 5개 연구는 다른 기관들이 주도하는 가운데 TAU 교수진이 참여하고 있다.

이들 우수센터 지원은 세계 최고 연구센터로의 성장을 목표로 하고 있다. 우수센터에 혁신연구와 학제간 연구를 장려해 혁신적인 연구성과물이 나타나기를 기대하고 있다. 이스라엘은 향후 인문, 사회과학분야까지 포괄해 30개 우수센터를 지정하고 15년간 집중적으로 재정지원을 할 방침이다.

TAU는 매년 6월에 국제 사이버 안전회의를 개최하는데 전 세계에서 8천 명 이상의 사이버보안 관련자들이 TAU에 모인다. 2019년 사이버 주간 행사는 6월 23일부터 27일까지 진행됐는데 60개 이상 국가에서 사이버 보안 전문가, 정책 입안자, 기업가, 투자자 및 학계가 TAU에서 개최된 제9회 국제 사이버 안전 회의에 참석했다. TAU의 블라바트닉(Blavatnik) 학제간 연구센터와 이스라엘 국립 사이버국, 이스라엘 외무부가 공동 주최했다.

이번 참석자들은 국제 사회가 직면한 사이버 보안 위협, 정부 차원의 사이버 보안 협력 및 사이버 기술의 최신 발전을 다루는 수십 개의 세미나, 워크숍, 대회 및 원탁 회의를 진행했다. TAU는 현재 미국, 독일, 인도, 이탈리아, 싱가포르 등 세계 여러 나라와 파트너 관계를 맺고 사이버 분야에서 공동 연구 프로젝트를 진행하고 있다.

TAU가 국제 사이버 안전회의를 개최하게 된 것은 융합연구를 통해 사이버 위협에 대처하기 위해 정부, 학계, 기업 및 국제 협력을 시작해야 할 필요가 있음을 최초로 주장했기 때문이다. 회의가 열리는 사이버 위크Cyber Week 때는 군대, 다국적 기업, 싱크탱크 등에서 최고의 사이버 전문가들을 한자리에 모여 증가하는 전 세계의 사이버 위협에 대한 대처방안을 논의한다. 세부 주제로는 사이버와 여성, 사이버에서 인공지능의 역할, 사이버 공격으로부터 핵심 인프라를 보호하는 방법, 사기의 위협, 사물 인터넷, 개인정보 보호 문제 등이 다뤄졌다.

기업가정신 첫 도입

TAU는 오늘날 이스라엘이 창업국가로 발전하고 대학이 스타트업의 산실이 되는데 주도적인 역할을 했다. 이스라엘에서 학교 커리큘럼에 기업가정신(Entrepreneurship)을 처음으로 도입한 대학이다. 첨단기술개발에 학제간 융합이 필요하듯이 기업가정신 또한 공학이나 경영학과 같은 일부 학과(부) 학생에게만 필요한 것이 아니라 학부생 모두에게 필요하다는 판단에 따라 정규 교과과정에 강좌를 개설했다. 기업가정신센터에서 한걸음 더 나아가 2020년부터는 모든 학부에서 비즈니스 및 사회적 기업가정신을 가르치기로 했다. 특히 주목해야 할 부분은 '사회적 기업가정신(Social Entrepreneurship)' 이다. 사회적 기업가정신은 교육, 복지, 환경, 빈곤 감소, 인권 등 다양한 분야에서 사회문제에 대한 혁신적인 해결책을 찾기 위해 노력하는 것이다. 대부분 프로젝트는 협회나 공익기관 형태로 비정부 및 비영리기관으로 운영된다. TAU는 이들 사회적 기업이 자선사업에 대한 의존도를 줄이고 자체 소득을 창출하도록 하는 모델을 개발하고 지원하고 있다. 이 프로젝트는 사회적 기업이 사회적 역할과 경제적 이익이라는 두 가지 이익을 극대화하는 방향으로 진행되고 있다. 이는 혁신과 창조성을 사용해 지속가능한 사회 및 환경 솔루션을 창출해 우리가 살고 있는 세계에 긍정적인 영향을 미치려는 학생들이 그 꿈을 이루도록 길을 제시해 주는 것이다.

라못RAMOT과 타워벤처

TAU는 그동안 2천400개의 특허를 등록해 연

이스라엘 Tel Aviv University Trust(TAU Trust).

간 평균 75개의 새로운 특허출원을 하고 있다. 이는 60개 이상의 신생기업과 200개 이상의 라이선스 및 옵션계약을 체결하는 것으로 이어졌다. TAU는 2018년에 37건의 미국 특허로 세계 대학 가운데 66위, 이스라엘 내 1위를 차지했다. 특허의 실용성과 기술력도 높아 현재 알츠하이머, 파킨슨병, 암, 당뇨병, 기타 주요 질병에 대한 25개의 새로운 약물과 치료법이 TAU 파트너들의 개발 파이프라인에 있다.

이처럼 TAU가 좋은 성과를 낼 수 있었던 것은 기술이전을 맡고 있는 대학 기술이전회사인 라못RAMOT과 그 자회사인 타워벤처가 있었기에 가능했다. 라못은 대학 내 130개 연구기관과 교수, 학생들이 개발한 새로운 기술을 특허등록하고 이를 상용화하는 역할을 하고 있다. 대규모 학제간 융합연구를 통해 전혀 새로운 기술이 탄생하는 만큼 잘 관리해 최대한 상용화가 가능한 방법들을 찾고 있다.

라못은 다양한 경로를 통해 유망한 혁신에 대한 투자를 개시, 관리 및 장려한다. TAU에서의 혁신을 통한 성과물인 연구결과가 사장되지 않도록 최대한 활용법을 찾는다. 이를 통해 국가와 사회에 긍정적인 영향을 미치는 응용 분야의 발전을 촉진하고, 차세대 더 큰 아이디어를 실현하는 바탕을 마련하기 위해 애쓰고 있다.

자회사인 타워벤처는 학생, 연구원, 교수 등이 새로운 아이디어를 기반으로 회사설립이나 투자유치 등을 지원하는 회사다. 아이디어가 새로운 창업을 위한 새싹으로 성장하도록 전문가 멘토링과 투자자 매칭 등을 해주고 있다. 구체적으로 기업가정신 커리큘럼은 창의적 사고 강좌, 이노베이션 강좌, 새로운 걸 어떻게 시작할 수 있는가에 대한 강의, 법학과 스타트업 등이다.

외국학생을 위한 프로그램

TAU를 취재하면서 인상적인 것은 종합대학의 장점을 최대한 살려 외국학생유치를 위해 다양한 장단기 프로그램을 운영하고 있는 점이었다. 학기, 학년에서부터 학사 및 석·박사 학위 등 전 교육과정에 60개 이상의 프로그램을 외국학생들에게 제공한다.

대표적인 것이 스마트시티 프로그램이다. 방학 한 달간 진행되는데 전 세계 학생들이 와서 스마트시티 프로젝트를 진행한다. 국적이 다르고 분야가 다른 학생들이 모여 스마트시티를 주제로 빅데이터, 사이버 시스템 활용, 물, 환경, 이동성(교통) 등 도시의 문제를 멘토링을 받아 가며 과제를 수행하는데 국제적으로 상당히 인기를 끌고 있다. 한 달간 진행되는 기업가정신 프로그램도 인기다.

그 밖의 하계 프로그램으로 세계 고교생 대상인 과학 및 혁신 고교 캠프가 있다. 또 대학 및 대학원생 대상 식품안전성 보장, 예방의학, 아랍-이스라엘 분쟁 등이 1천500~2천500달러의 수강료를 받고 진행한다. 히브리어 과정이 여름과 겨울방학 기간 진행되고 영어교육 프로그램도 있다.

학기·연간단위 프로그램은 한 학기 또는 1년간 히브리어를 다른 과목과 함께 이수할 수 있고 재학 중인 대학과 학점교환이 가능하다. 기업가정신, 인문학, 국제관계학, 의학, 공학 등 각기 다른 분야에서 다양한 프로그램을 제공한다.

학사학위는 3년 학위(전기전자공학은 4년 학위)고 석사학위는 1년 3학기 후 논문 옵션이 있다. 1년 3학기 석사과정 학과는 성서의 땅 고고학 및 역사, TESOL(영어가 모국어가 아닌 사람들을 대상으로 하는 영어 교육), 분쟁해결 및 중재, 응급상황 및 재난관리, 환경연구학, 국제 이민 및 정책, 중동연구학, 식품안전성 및 보장 중심의 식물과학, 안보 및 외교, 위기 및 트라우마 연구학 등이다. PHD 및 포스닥 펠로십도 있다. 의학, 생명공학, 물리학 및 천문학, 화학, 수학, 컴퓨터과학, 지구물리학 및 행성학, 공학, 환경연구학, 문화연구학, 철학, 교육학, 사회과학, 경영학, 예술, 법률 및 유대인연구학 등이 있다. 이 과정은 영어로 수업이 진행되며 등록시점에서 논문 제출까지 일반적으로 3~5년이 소요된다. TAU는 특히 객원 연구 학생의 IRST(Independent Research and Study Track) 참여를 적극 권장한다. 추가 비용을 지불할 경우 의료보험, 학내 행사, 전국 여행, 학교 기숙사 사용 등의 혜택을 준다.

예루살렘에 있는 100년 전통
히브리대학교

100년 전통 최고 명문대

예루살렘에 있는 히브리대학교(The Hebrew University of Jerusalem)는 세계 여러 곳에 흩어져 있던 유대인이 그들 조상의 땅인 팔레스타인에 유대 민족 국가를 건설하려는 민족주의운동 결실 가운데 하나다. 19세기 후반 처음 히브리대가 제안될 때부터 유대 민족의 성지聖地인 예루살렘에 입지를 검토하면서 진행됐다.

1918년 히브리대의 초석이 놓였고, 7년 후인 1925년 4월 1일 히브리대 스코푸스 캠퍼스가 완성되었다. 1949년 5월 의과대학을, 1949년 11월 법과대학, 1952년 농업연구소를 설립했다. 1925년 같은 해에 개교한 테크니온공대와 함께 이스라엘에서 가장 역사가 오래된 대학이자 이스라엘 대학 가운데 처음으로 세계랭킹 100위 안에 포함된 최고 명문대학이다. 그동안 이스라엘의 총리 4명, 노벨상 수상자 15명, 필즈상 수상자 2명을 배출했으며, 알베르트 아인슈타인·지그문트 프로이트 등 국제 학계에 영향력이 큰 유대인 학자들이 학교 설립에 크게 기여했다.

개교 논의가 시작될 때부터 이스라엘을 대표하는 대학으로 구상

히브리대학교 기부자 명단.

된 히브리대는 도서관에 방대한 유대인 자료 등을 보유하고 있으며, 이스라엘 부흥의 꿈을 실현하는 대표 연구·교육기관의 입지를 가지고 있다. 히브리대는 학문 및 교육에 있어 최고를 지향하며 인류학, 사회과학, 기초과학, 의학 등 다양한 분야에서 뛰어난 연구업적을 나타내고 있다. 해외 대학 및 학술기관과의 교류도 활발하다. 이스라엘에서 연구보조금의 3분의 1이 히브리대 연구자에게 주어지며, 유럽연합의 젊은 연구원 지원금에서 유럽 내 1위를 기록할 정도로 국내외에서 연구력을 인정받고 있다.

세계 대학 가운데 처음으로 기술이전회사를 설립했으며, 세계 각지의 사람들에게 온라인 학습을 제공하는 코세라Coursera에 최초로 가입한 기관 중 하나다. 현재 2만3천 명의 학생이 재학 중이며, 이 가운데 절반이 학부생이다. 외국인·유학생은 2천 명이 넘는다. 히브리대의 비전은 공공성, 과학발전, 교육 및 전문지도자 육성이다. 또 유대인의 문화와 지식·전통의 보존 및 연구에 목표를 두고 있다. 나아가 모든 인류를 위해 지식의 영역을 넓히는데 연구력을 집중하고 있다. 애셔 코헨Asher Cohen 총장은 "우리에게 아직 최고의 순간은 오지 않았다. 그때까지 히브리대는 혁신과 도전을 멈추지 않을 것" 이라는 말로 인터뷰를 시작했다.

도전 100년

대부분 오래된 대학들은 면면히 내려오는 전통을 계승하고 관례를 따르는 것에 익숙하다. 긴 시간 우여곡절을 겪으면서도 경쟁력을 유지하고 학교를 존속할 수 있는 힘이 전통과 관례 속에 녹아있다고 보기 때문이다.

하지만 2018년 개교 100주년을 맞이한 히브리대는 지난 100년 동안 전통과 관례를 깨트리며 도전적인 학교 운영을 해오고 있다. 전통과 관례를 따르면 그동안 해온 것처럼 지식 창출이 일부는 가능할지 모르지만 그것만으로는 학교혁신을 이끌 수 없다고 판단하고 있다. 히브리대는 세계 최고를 추구하고, 불가능에 도전하기 위해 전통과 관례에 얽매이지 않고 지속적인 혁신을 해오고 있다. 히브리대는 그들의 가능성이 끝나는 곳이 어딘지 알지 못한다. 그곳이 어딘지 알지 못하기 때문에 지난 100년 동안 질문하고, 도전하고, 혁신을 계속해왔다.

히브리대는 예루살렘에 캠퍼스 조성 후 건조한 기후를 위한 새로운 관개灌漑 방법을 개발하는 것을 시작으로 현재의 알츠하이머 및 난소암 치료법, 농업발전, 법률 시스템, 정치·사회에 대한 새로운 이론, 생명을 구하는 스마트 차량기술 등 도전적인 연구로 획기적인 성과를 얻었다.

새로운 100년 도전 - 혁신 가속화

4차 산업혁명과 마주한 현재 히브리대는 지난 100년과 같이 전통과 관례를 깨트리고 계속해서 질문하고, 도전하고, 혁신을 계속해 나가고 있다. 도전과 혁신의 100년 전통을 이어받아 앞으로 100년도 도전하는 것이다. 그것이 히브리대 전통이라고 애셔 코헨 총장은 힘주어 말했다.

히브리대는 앞으로 세계가 수십년에 걸쳐 점점 더 상호 연결된 관계 속에서 사이버 범죄뿐만 아니라 기후변화로 인한 기근과 가뭄 등 예전에 경험하지 못한 도전적인 과제에 인류가 직면할 것으로 보고 있다. 이에 히브리대는 우수한 교수진 등 학교의 모든 역량을 동원해 차세대 의료인, 과학자, 혁신가를 육성해 앞으로 다가올 미래를 이끌고 인류의 방향을 제시하는 데 지난 100년보다 더 큰 역할을 하기 위해 노력하고 있다.

우선 4차 산업혁명시대 그 중요성이 점점 부각되고 있는 컴퓨터 사이언스Computer Science 전공학생을 5년 뒤 2천 명으로 늘리는 학사 개편을 진행하고 있다. 어떤 분야에 종사하더라도 컴퓨터 사이언스에 대한 기반지식이 필요한 만큼 현재 1천300명인 전공학생에 학과 정원 증원, 문과 및 예술계통 학과의 융합전공 신설 등 다양한 방법으로 전공학생을 늘리고 있는데 이미 5년 뒤 목표인 2천 명 육성을 넘어섰다고 한다.

두 번째는 야심차게 조성 중인 이노베이션 파크. 사이언스캠퍼스 내에 매머드급으로 조성 중인데 완성되면 5천 개의 포지션(공간)이 생

아셔 코헨 이스라엘 히브리대학 렉처.

긴다고 한다. 하이테크, 바이오테크, 나노테크 등 이노베이션 파크 내에서 모든 게 가능할 정도로 혁신공간이 될 것으로 기대하고 있다. 캠퍼스 내에 있기 때문에 입주기업은 교수진, 연구원, 학생 등과 교류하면서 혁신적인 작업 수행이 가능하다고 한다.

마지막으로 기업가 정신 프로그램이다. 기존 프로그램을 2018년에 추가적으로 보완했다고 한다. 교수진, 연구원, 학생 중심에서 다른 대학이나 연구소와도 협업이 가능하도록 했다. 베짤레Bezalei디자인 아카데미와 아즈리에일리Azrieli 공과대학과 협력해 예루살렘 시내에 기업가정신센터를 설립하기로 하고 최근 고등교육위원회로부터 보조금을 받았다.

히브리대가 이처럼 혁신에 적극적인 것은 현재의 산업 흐름을 볼 때 21세기 학생은 평생직장이 아닌 상황 변화에 맞게 여러 직장을 옮겨다녀야 하기 때문이다. 또 지금의 직업군보다는 혁신적인 노력을 통해 도전적인 직장을 탐색하는 능력도 필요한 환경이다. 학생들이 새로운 환경에 적응하도록 잠재능력을 극대화하고 새로운 직업 창출에 성공할 수 있도록 혁신과 기업가정신에 대한 인식전환을 돕고 있다. 이를 통해 학생들이 문제해결 능력을 향상시켜 관심있는 분야에서 혁신능력을 발휘하도록 하고 있다.

이슘Yissum

히브리대는 1964년 전 세계 대학 가운데 처음으로 기술이전회사인 이슘Yissum을 설립했다. 전 세계 고등교육기관을 포함하면 세 번째다. 이슘은 지난 55년간 1만여 건의 특허를 등록했으며, 세계에서 가장 경험이 풍부하고 성공적인 기술이전회사 중 하나로 유명하다.

이슘은 현재 기술이전과 공동창업 등을 위해 광범위한 외부 파트너십을 장려하면서 기술 이전 전략의 구조적 변화를 주도하고 있다. 이슘은 각기 다른 분야에 중점을 둔 3개의 전용 종자 투자 자금과 교수, 학생 및 지역 사회 간의 아이디어와 기업가 정신을 장려하는 수많은 플랫폼을 관리하고 있다.

이슘의 분사 회사에는 인텔Intel이 153억 달러 이상을 주고 인수한 모빌아이Mobileye가 최근에 가장 돋보인다. 모빌아이는 고급 운전자 보조 시스템(ADAS)으로 충돌 방지 및 완화기능이 있는 자율시스템이다. 이 매각 금액은 현재 이스라엘 기술이전 역사상 가장 큰 금액으로 기록돼 있다.

히브리대가 자부심을 가지고 있는 블록버스터 제품으로는 모빌아이 외에도 엑셀론Exelon(알츠하이머 병의 초기 또는 중간 단계의 사람들에게 증상을 치료하는 데 효과적인 약), 독실DOXIL(난소암 환자 치료), 전 세계 미식가들에게 사랑받고 있는 방울토마토 등이 있다. 이 외에도 현재 약 30여 개의 기술회사가 육성 중에 있다. 알려진 다른 회사로는 Merck가 인수한 Qlight와 Canon이 인수한 BriefCam 등이 있다. 그 때문에 히브리대는 최고의 창업대학(Start Up off Start Up)이라 불린다.

히브리대 기부 캠페인

이스라엘 대학을 취재하면서 가장 인상적인 것은 학교에 필요한 대규모 투자는 기부금으로 충당한다는 점이다. 이스라엘은 62개 고등교육기관 가운데 12개 사립 칼리지를 제외한 50개가 국립이다. 이스라엘에서는 정부가 6년 단위로 고등교육예산을 편성해 각 대학에 안정적으로 예산을 배분하고 있다.

하지만 예산 대부분은 교직원 급여, 건물관리비, 일상경비 등에 충당할 정도다. 그 때문에 현재 전국 10개 대학에 건립 중인 기업가 정신 및 혁신센터 같이 정부가 예외적으로 지원하는 것 외에 대부분의 대학 내 대규모 투자는 기부금을 받아서 하고 있다. 일상 경비 외 모든 대규모 투자는 기부금으로 충당하는 것이다.

이스라엘 대학을 방문하면 정문에서부터 건물 구석구석에 사람들의 이름과 얼굴동상 등이 새겨진 것을 볼 수 있다. 모두 기부자를 예우하기 위한 것인데 대학마다 주요 건물이나 고급 연구기자재, 장기 연구 프로젝트 비용은 자체적으로 마련하거나 기부금으로 충당하고 있다. 자체 조달 창구는 기술이전이나 대학기업을 통한 수익이고, 기부금은 전 세계 유대인과 친유대인 기업 및 인사들을 대상으로 모금을 한다.

이스라엘에서는 매년 6월 하순이면 일주일간 모든 대학이 같은 기간에 기부금주간(Donation Week)을 진행한다. 기존에 기부금을 낸 개인이나 기업 관계자, 앞으로 기부를 할 의사가 있는 인사 등을 초청해 학교 비전을 제시한다. 그동안 기부금을 받아 어떻게 사용했고, 기부금이 얼마나 학교 발전에 도움이 됐는지를 설명하고 새로운 기부를 받기 위해서다. 연중 학교 행사 가운데 가장 큰 행사로 이스라엘 정치인과 기업인을 비롯해 미국과 유럽 정계, 경제계 인사, 친유대 할리우드 배우, 글로벌 플랫폼기업 관계자, 국제엔젤투자그룹 등이 이스라엘로 집결한다.

히브리대의 경우 2018년 100주년 기념일에 초청된 인사들을 대상으로 7년에 걸쳐 10억 달러를 모금한다는 계획을 발표했다. 인류가 직면한 문제를 해결하기 위한 학문연구 투자와 전통인 대학혁신 등 모두 7개 전략사업에 사용하기 위해서다. 구체적으로 살펴보면 상당히 흥미롭다.

• '하이테크 예루살렘' 은 젊은이들이 대학 졸업 후 예루살렘을 떠나는 것을 막기 위해 예루살렘을 세계적으로 유명한 기술과 혁신의 허브로 육성하기 위한 것이다. 나노, 양자, 컴퓨터 과학에서 생명공학, 사이버 보안 및 천체 물리학에 이르기까지 최첨단 과학에 대한 혁신적인 연구 결과물로 스타트업 프로젝트를 수행하기 위한 목적이다.

• '내일을 위한 리더십' 은 대학 경쟁력의 핵심인 최고의 교수진을 모셔오고 우수학생을 유치하기 위해 필요한 예산이다. 최고의 젊은 교수진을 확보하기 위한 예산과 학생 유치를 위한 장학금, 새로운 커리큘럼에 따른 추가비용 등이다.

• '인간의 건강' 은 뇌 과학 및 대마초 연구를 포함하여 광범위한 건강 관련 분야에서 혁신을 위한 실험실 시설과 장비 업데이트 및

연구 투자비다.

• '더 나은 세상' 은 대학 공동체와 사회에 대한 다원주의와 관용의 모델 연구에 필요한 예산이다. 히브리대의 다문화 및 다양성 연구 센터(CSMD)의 종교 간 연구 및 대화 서클을 포함한 학술 행사에 필요한 자금지원을 요청했다.

• '글로벌 협업' 은 교환학생과 외국 유명 대학 및 기관과의 교류를 위한 예산이다.

• '지속 가능한 행성' 은 지구를 더 잘 이해하고 자원을 보전하는 데 필요한 적절한 '청지기 프로젝트' 예산이다. 수분 공급을 위한 야생벌의 역할, 자연 살충제 개발, 전체 폐기물을 줄이기 위해 유통기한이 긴 식품 개발 비용 등이다. 또 지속 가능한 교통과 더 살기 좋은 도시 조성 등 미래 세대를 위한 살기 좋은 지구 프로젝트 예산도 포함된다. 마지막으로

• '건축' 은 학교 내 건물인프라 확충이다. 차세대 학자와 학생들에게 제공할 실험실, 도서관, 교실 등을 건축하는 비용이다. 애셔 코헨 총장은 좋은 대학의 조건으로 최고의 교수진, 풍부한 재정을 꼽고, 필요할 때 투자할 수 있어야 한다고 말했다. 지금 현실이 나쁘지 않더라도 대학에 투자를 하지 않으면 10년 뒤 이 나라는 어떻게 될지, 어디로 갈지도 모른다고 강조했다.

기초학문 연구 기관
와이즈만연구소

세계 3대 기초과학 연구소

와이즈만연구소(Weizmann Institute of Science)는 자연 과학과 정밀 과학 분야에서 세계 최고의 기초학문 연구 기관 중 하나다. 독일 막스플랑크, 프랑스 파스퇴르 등과 함께 세계 3대 기초과학 연구소로 꼽힌다. 1934년 영국의 기부자 레베카Rebecca와 이스라엘 시에프Israel Sieff의 아들을 기리기 위해 명명된 다니엘 시에프 연구소(Daniel Sieff Research Institute)가 와이즈만연구소의 기반이 됐다.

1949년 다니엘 시에프 연구소는 일생을 바쳐 시온주의를 이끌고 이스라엘 국가의 초대 대통령이자 저명한 화학자로 연구소의 첫 소장이었던 차임 와이즈만 박사의 75번째 생일을 기념해 와이즈만연구소로 이름을 바꿨다.

1930년대 예루살렘에서 53㎞ 떨어진 레호보트(Rehovot) 마을은 와이즈만연구소가 들어설 당시 모래 언덕과 드문드문 과수원밖에 없었으나 현재에는 이스라엘을 대표하는 과학 교육 및 연구소로 주변에는 전 세계 글로벌 플랫폼 기업들이 입주해 있다. 27만㎡에 연구시설, 행정건물, 주택, 유치원 등 264개의 건물이 있다. 이 가운데 역

와이즈만연구소는 이스라엘에서 최초로 입자 가속기인 'koffler'를 만들었다.

사적인 24개 건물은 보존하도록 지정됐다.

와이즈만연구소는 생물학, 생물 화학, 화학, 물리, 수학 및 컴퓨터 과학 등 기초과학분야를 연구한다. 현재 2천500명의 교직원에 30개국 이상에서 온 약 360명의 박사 후 연구원, 700명의 박사 과정생, 400명의 석사과정생(MSc) 등 모두 5천 명이 생활하고 있다. 석사과정생의 3분의 2는 외국학생들이다. 과학자와 그 자녀, 연구원 등 약 400명이 연구소 내 기숙사에서 생활하고 있다. 250개 이상의 연구그룹이 세계 최고수준의 기초과학 연구를 진행하고 있다.

전 세계로부터 약 1천200개의 연구지원금을 받고 있고, 10년간 유럽연구위원회(European Research Council)의 연구비만 약 1억 8천800만 달러를 받았다. 2018년에는 유럽연구위원 연구비 수혜 1위를 차지했으며, 기초 연구가 응용 프로그램으로 얼마나 효과적으로 변환되는지 측정하는 'Nature Index 2017' 에서 6위, 과학 연구 영향의 국제 라이덴대학 2018 순위에서 9위를 각각 기록했다. 3명의 노벨상 수상자와 2명의 이스라엘 대통령을 배출했다. 파인버그Feinberg 대학원 학장인 이릿 사기Irit Sagi 교수를 인터뷰했다.

이릿 사기 교수는 와이즈만연구소의 외부 현상만 취재하지 말고 이스라엘의 문화와 역사, 정서를 이해한 바탕에서 기사를 써주기를 당부했다. 또 기초학문의 중요성을 강조하면서 이번 인터뷰가 한국 교육·과학 당국은 물론 국민도 기초과학의 중요성을 이해하는 계기가 됐으면 좋겠다고 말했다.

빛나는 업적

와이즈만연구소는 많은 분야에서 최초라는 수식어가 붙을 정도로 이스라엘과 세계 기초과학 연구·발전에 선도적인 역할을 했다. 와이즈만연구소는 1941년 이스라엘에 처음으로 제약회사를 설립했다.

1954년에는 이스라엘 최초의 컴퓨터이자 세계 최초의 컴퓨터 중 하나인 'WEIZAC' 을 제작했다. 1958년에 개교한 파인버그Feinberg대학원은 이스라엘에서 컴퓨터 과학을 가르치는 최초의 교육 기관이었다. 지금까지도 이스라엘이 호황을 누리고 있는 컴퓨터 산업의 토대가 이때부터 마련됐다.

그리고 이스라엘에서 최초로 암 연구를 시작했으며, 입자 가속기 'koffler' 도 최초로 만들었다. 1959년에는 연구소와 대학을 통틀어 세계 최초로 기술이전회사인 예다Yeda를 설립했다. 현재까지 약 2천 건의 특허를 등록했다. 10년간 이 특허를 바탕으로 37개의 회사가 설립되었고, 와이즈만연구소의 기술이전에 바탕을 둔 제품이 2017년 약 370억 달러 상당의 판매량을 기록했다.

그리고 이스라엘 최초의 전문의약품(ethical drug · ETC)인 다발성 경화증 치료제 'Copaxone' 이 1997년 미국 식품의약품안전청(FDA)의 승인을 받았다. 연구소는 이스라엘 첫 번째 하이테크 공원인 'Kiryat Weizmann' 을 캠퍼스 인접한 곳에 설립했다.

또한 신경 과학, 나노 기술 및 대체 에너지 분야에서도 선도적인 연구를 진행하고 있다. 생물 학자들과 함께 일하는 수학자 및 컴퓨터 과학자들은 DNA에서부터 세포 노화, 개인 영양에 이르기까지 다양한 분야에서 새로운 연구업적을 쌓아가고 있다. 와이즈만연구소 과학자들은 서로 다른 분야 간의 경계를 허물고 이전에는 불가능했던 협력연구를 진행하면서 세계 기초과학연구를 이끌고 있다.

이상적인 연구환경

와이즈만연구소가 세계적인 연구소로 성장할 수 있었는데는 몇 가지 요인이 있다. 우선은 연구분야를 기초학문에 초점을 맞췄다. 화학, 물리, 컴퓨터사이언스, 생물학, 수학 등 5개 분야를 집중적으로 연구한다. 이유는 과학의 발전은 이 5개 분야의 기초가 튼튼해야 지속가능한 발전을 이룰 수 있다고 판단했기 때문이다. 연구소 설립에 지대한 영향을 미친 알버트 아인슈타인, 와이즈만 박사 등의 신념에 따라 이스라엘을 대표하고 세계적인 기초과학 연구소의 토대를 닦은 것이다.

연구소에 새로운 과학자를 뽑을 때 5개 기초과학분야에서 연구를

얼마나 독립적으로 하는지, 창조적으로 하는지에 많은 비중을 두고 있다. 심사과정에서는 기초과학분야에서 이 과학자가 얼마나 호기심을 가지고 뭔가 새로운 것을 연구하려 하는지만 본다고 한다. 남성·여성, 국적, 종교, 정치적 견해 등은 전혀 고려대상이 아니라고 한다. 오로지 이 과학자가 어떤 주제를 갖고 어떻게, 얼마나 꾸준히 연구를 성실하게 해왔는지를 살핀다고 한다.

연구소 분위기나 여건은 부러울 정도다. 과학자, 연구원, 교수, 학생 등 간에 상하개념이 아닌 파트너 개념으로 운영된다. 새로운 연구실적을 얻기 위해서는 주변 과학자나 연구원 등의 연구와 관련이 있는 만큼 수평적 관계가 형성돼야 융합연구가 가능하고 창의적인 사고와 연구도 가능하다고 보기 때문이다. 과학자나 연구원, 학생들이 필요할 경우 연구소 내 숙소에서 생활할 수 있도록 하고 있으며, 대형 유치원도 두 개나 운영하고 있다. 늘 집처럼 편안한 분위기에서 연구에만 전념하도록 최적을 환경을 조성해 주고 있다. 와이즈만연구소가 많은 비용을 들여 실내 조경도 자연스러우면서도 멋스럽게 가꾸고 있는 이유도 연구성과를 내기 위한 환경조성의 하나라고 할 정도로 모든 게 최적의 연구환경 조성에 포커스를 맞추고 있다.

당연히 실험장비, 예산, 행정지원 시스템은 세계 최고 수준이다. 연구원이나 과학자, 학생 등이 요구할 경우 기대이상의 연구환경을 제공하고 있어 기초과학자들에게는 꿈의 연구소로 불린다.

파인버그대학원

와이즈만연구소의 파인버그대학원은 석·박사과정만 있다. 가장 큰 특징은 학생이 입학하는 순간부터 학위를 취득하거나 졸업할 때까지 완벽한 케어(지원) 시스템을 갖추고 있다는 점이다. 대학원 내 모든 행정과 연구조직을 학생 수요중심으로 바꾸었다. 6년째 학장을 맡고 있는 이릿 사기 교수가 온갖 저항을 이겨내고 시스템을 바꾸었다. 행정조직과 연구조직을 상호 협력 관계로 바꾸었는데 '학생이 원하는 모든 것을 지원해 준다.' 는 것이 모토라고 한다. 학생들이 세계 어느 대학원에서도 받아보지 못한 최상의 서비스를 받도록 시스템화돼 있다. 행정지원과 연구 코디를 할 수 있는 인력이 부서마다, 과마다 배치돼 학생들이 필요할 때 항상 도움을 받도록 하고 있다. 여기에다 추가적으로 연구와 관련해 대화나 상의할 수 있는 교수를 학생마다 2명씩 배치했다. 이를 통해 학생들이 자신이 하고자 하는 연구를 아무런 걸림돌 없이 수행하도록 해 이들을 와이즈만연구소가 원하는 수준으로 끌어올리고 있다.

이릿 사기 학장은 "다른 나라와 달리 이스라엘 학생들은 의무적으로 2~3년의 군복무(여성 2년·남성 3년)를 해야 하기 때문에 대학원 진학연령이 늦어 사고의 유연성이 떨어지고 결혼비중도 높아 연구력에 한계가 있어 연구소 환경을 특별하게 바꿀 필요성이 있었다."면서 "창조적인 연구를 위해 집같은 편안함과 서로간에 소통을 강화하기 위한 노력을 해왔다."고 밝혔다.

예전에는 4세 미만 자녀에 대해서만 케어했으나 지금은 연구소에서 유치원을 운영하고 사택에서 생활할 수 있도록 연구환경을 크게 개선했다. 특히 와이즈만연구소는 여성 연구원을 특별히 배려하는 정책을 펴고 있어 여성 과학자도 육아나 가사부담에서 벗어나 연구에 집중할 수 있도록 하고 있다.

이릿 사기 파인버그대학원 학장

파인버그대학원 학장인 이릿 사기 교수는 이스라엘 출생으로 1988년 미국 워싱턴 American University에서 석사학위를 취득하고 1993년 Georgetown University에서 생물 물리학 및 생물공학 박사 학위를 취득했다. 2009년 와이즈만연구소에서 노벨 화학상 수상자인 아다 요나스Ada Yonath 교수에게 박사 후 연구를 수행했다. 그녀는 독일 함부르크에 있는 막스플랑크연구소에서 박사후 과정을 계속했고 1998년에 와이즈만연구소 교수진에 합류했다. 2014년 2월 파인버그대학원 학장이 되었다. 2009~2014년 이스라엘 생물물리학회 회장을 역임했다.

대부분의 생물학적 연구는 세포 내부에서 일어나는 일에 초점을 맞추고 있지만, 이릿 사기 교수는 혁신적인 발상으로 세포 외부에서 일어나는 현상에 대해 연구하고 있다. 이릿 사기 교수의 연구는 다

2014년 2월 와이즈만연구소 파인버그대학원 학장으로 임용된 이릿 사기 교수는 대학원 내 모든 행정과 연구조직을 학생 수요중심으로 바꾸었다. 이를 통해 학생들은 세계 어느 대학원에서도 받아보지 못한 최상의 조건에서 자신이 하고 싶은 연구를 진행하고 있다.

양한 생리적 및 병리학적 시나리오(환경)에서 세포 행동을 지시하는 분자 리모델링 메커니즘을 해독하는 것을 목표로 한다. 이를 달성하기 위해 다양한 방법으로 작업하는 다분야 통합 연구 접근 방식을 활용하고 있다. 이릿 사기 교수는 조직 및 세포 외 리모델링 분자 과정을 조사하기 위해 독특하고 다양한 학문적 및 생물 물리학적 접근법을 개발·적용하고 있다. 실시간 분광 및 분자 이미징 접근법을 통합해 세포 외 리모델링 효소의 복잡한 동적 분자 특성을 최초로 밝혀 냈다.

이릿 사기 교수는 선택적 효소 억제제의 개발을 위해 독특한 생화학 약물 설계 접근법을 적용하고 다양한 동물 및 세포 모델을 사용하며 시스템 및 분자 생물학 도구, 면역 학적 방법 및 고급 이미징 기술을 적용한다. 이를 통해 구조, 구성, 생체 역학 및 생물학적 기능

측면에서 다차원의 세포 외 매트릭스(ECM) 코드를 해독할 수 있다. 연구 결과에서 얻은 과학적인 결과물을 통해 치료 및 진단 도구를 설계할 수 있으며, 이 도구 중 일부는 현재 임상용으로 개발되고 있다. 세포 외 매트릭스(ECM)를 포함하는 세포 미세 환경을 연구하기 위한 다원적 접근을 하고 있는 이릿 사기 교수는 생물물리학적인 원리 규명부터 치료 및 미용을 위한 약물 설계까지 광범위한 조직 리모델링 분야의 선도 연구자로 꼽힌다.

20년 동안 수많은 상을 수상한 이릿 사기 교수는 2017년에 생화학 부문에서 미팔 하파이스Mifal Hapais의 '란다우Landau상'을, 2013년에는 정밀 과학과 및 의약 기술분야의 뛰어난 연구 프로젝트로 'Juludan상'을 받았다. 2006년에는 와이즈만연구소 예다기술이전회사의 올해의 발명자로 지명되었다. 그녀는 3년 전 와이즈만연구소 과학위원회 화학상을 수상했으며 2000년에는 '자크스킨트-메르만Jakubskind-Cymerman Research Prize'를 수상했다.

PART 4

미국 대학 혁신

미국 대학의 과거, 현재, 미래

매사추세츠대학교 애머스트

올린공과대학교

MIT대학교

예일대학교

컬럼비아대학교

미국 대학의 과거, 현재, 미래

세계대학 평가서 압도적 톱 10

전 세계 대학랭킹에서 미국대학들은 압도적으로 상위에 랭크돼 있다. 일반적으로 세계대학 랭킹 평가는 미국의 US News &World Reports, 중국 상하이교통대학의 ARWU(Academic Ranking World Universities), 영국의 QS(Quacquarelli Symonds)와 The Times의 THE 랭킹이 대표적이다. 이 가운데 US News&World Reports의 2020세계대학 랭킹에서 미국대학은 1위 하버드대를 비롯, 10위 워싱턴대까지 8개 대학이 톱 10에 들었다. 나머지는 5위 옥스퍼드대와 9위 캠브리지대 등 영국이 두 개 대학 이름을 올렸다.

중국 상하이교통대학의 2019세계대학 랭킹에도 1위 하버드대를 비롯, 10위 시카고대까지 톱 10에 미국대학은 무려 9개 대학이 이름을 올렸다. 영국 옥스퍼드대가 7위로 유일한 비미국대학이었다. 평가기관이 영국인 2020QS는 톱 10에 미국 5개, 영국 4개, 스위스 1개 대학이었고, 2020THE는 미국 7개, 영국 3개 대학으로 전 세계 일류대학 상위랭킹은 미국이 휩쓸고 있다. 미국이 독립하기도 전인 1636년에 설립된 하버드대(당시 명칭 New College)가 최초의 대학으로 유럽에

· 미국독립 140년 전에 설립된 미국 최초의 대학인 하버드는 세계적인 명문대학으로 미국 고등교육 발전에 지대한 영향을 끼쳤다. 중앙도서관인 와이드너 도서관이다.(위)
· 하버드대의 기초·응용학문을 연구하는 과학센터 건물.(아래)

비해 일천한 대학역사를 가진 미국이지만 21세기 대학은 미국이 표준이라 할 정도로 급성장했다. 전 세계적으로 우수한 대학이 많다는 것은 그에 비례해 그 나라의 대학교육 수준과 연구력이 높다는 방증이다. 오늘날 미국이 전 세계 경제와 산업을 주도하고 있는 것은 미국대학의 탁월성이 근본 에너지라고 볼 수 있다. 미국대학의 성장배경과 경쟁력을 현지취재를 통해 살펴본다.

최초의 대학 하버드대

현대의 대학은 중세 시대 성직자 양성기관에서 진화한 유럽의 중세 대학에 뿌리를 두고 있다. 1088년 이탈리아 볼로냐 대학이 최초의 대학으로 꼽힌다.

미국 최초의 대학은 1636년에 설립된 매사추세츠주 보스턴에 있는 하버드Harvard대학이다. 미국독립(1776년) 140년 전에 설립된 하버드대학은 유럽과 영국의 초기대학들과 마찬가지로 성직자를 배출하기 위한 목적으로 설립됐다. 영국에서 미국으로 이주한 신교도 중에서도 가장 엄격한 청교도들이 영국기후와 비슷한 매사추세츠 보스턴 남쪽지역에 정착한 뒤 그들의 청교도 정신을 이어갈 목회자 양성을 위해 하버드대학을 설립했다.

매사추세츠주를 비롯, 뉴햄프셔·코네티컷·로드아일랜드·버먼트·메인주 등은 영국과 기후가 비슷한 탓에 초기 영국계 이주민이 많이 정착해 뉴잉글랜드로 불리는 지역이다. 하버드대학 설립 후 예일대(1701년), 펜실베이니아대(1740년), 프린스턴대(1746년), 컬럼비아대(1754년), 브라운대(1764년), 다트머스대(1769년) 등이 잇따라 설립됐다. 이들 대학은 미국 독립후 개교한 코넬대(1865년)와 더불어 미국 북동

하버드대는 보스턴의 관광명소로 학부생들이 1시간 단위로 관광객을 위해 투어를 진행하고 있다.

부에 있는 8개의 명문 사립대학인 아이비리그Ivy League라 불리게 된다. 아이비리그대학은 아니지만 매사추세츠공대(MIT), 스탠퍼드대, 시카고대, 듀크대, 존스홉킨스대 등 미국 동북부에는 명문대가 많은 것은 이 같은 역사적 배경에 기인한다.

뉴잉글랜드지역은 초기부터 영국계 이주민들이 정착하면서 미국인들의 마음의 고향이자 정신적 지주역할을 하는 곳으로 미국대학의 모습은 하버드대를 중심으로 한 보스턴지역, 나아가 뉴잉글랜드지역 대학을 원형으로 전국적으로 확산됐다.

모릴법으로 양적 팽창

이후 미국은 서부개척과 인구증가로 늘어난 고등교육 수요에 부응하기 위해 자연스럽게 주립대학과 자산가들의 기부금을 바탕으로 사립대들이 하나둘씩 설립되기 시작한다. 하지만 전반적으로 주정부 재정이 충분하지 않은데다 고등교육기관 지원도 부족한 상황이 상당기간 지속된다. 대학난립으로 설립과 폐교가 반복되고 사회문제가 되기도 한다. 이런 상황에서 고등교육 발전사의 중요한 전기가 되는 소위 모릴법(Morill Act)이 탄생하면서 미국대학은 양적 성장의 기반을 마련한다.

모릴법은 미국 하원의원인 J.S.모릴이 발의해 가결된 두 개의 법률이다. 남북전쟁이 한창이던 1862년과 1890년 두차례 모릴법으로 주립대학의 건립과 확장을 쉽게 할 수 있게 한 법이다. 당시 연방정부에서 각 주에 3만 에이커(최대 9만 에이커 · 1에이커는 약 4천047㎡)의 국유지를 기부하고 주정부에서 이를 바탕으로 기존 주립대를 확대 · 개편하거나 신설하도록 했다. 1차 모릴법(1862년)은 당시 수요가 폭증하던 농업 및 공업분야 인력양성을 위해 주정부가 주립대학을 통해 중산층과 노동층 자녀들이 실용교육을 받도록 했다. 2차 모릴법(1890년)은 같은 방식으로 남부지역에 흑인들의 교육을 위해 단과대학을 설립하도록 했으며 20세기 초반까지 미국의 모든 주로 확산됐다. 이 모릴법에 의해 전국에 100개 이상의 주립대가 확대 · 개편되거나 새로 설립됐다. 이 모릴법의 영향은 주립대뿐만 아니라 동북부의 명문사립대학인 코넬대학과 MIT도 혜택을 받았다.

특히 주목할 점은 미국 초기 대학들이 대부분 성직자 양성을 위한 인문교양예술 중심의 대학이라면 이 모릴법에 의해 탄생한 대학은 대부분 농업과 공업 등 실용적인 분야 인재육성에 초점이 맞춰져 있다는 점이다. 당시 급성장하는 미국의 산업수요와 농업수요에 필요한 맞춤형 인력을 공급하면서 대학의 팽창과 함께 미국이 급성장하는 바탕이 됐다.

2차 대전 전후 질적 성장

미국대학은 20세기 초반까지 약 300년 동안 많은 성장을 이루고 있었지만 영국이나 유럽대학에 비해서는 낮은 평가를 받고 있었다. 대학설립 역사가 상대적으로 짧은데다 유럽대학과 달리 연방정부의 체계적인 지원을 받기 어려운 구조였기 때문이다. 미국은 주의 자율성을 중요시하는 정신에 따라 가능한 한 연방정부의 간섭을 배제하려는 경향이 강한데 교육 또한 예외는 아니다. 연방정부의 고등교육기관 지원에 대해서 미국내에서 많은 논쟁이 있었지만 연방정부의 간섭배제라는 독립정신을 극복하지는 못했다.

하지만 2차 세계대전은 연방정부와 대학과의 관계에 근본적인 변화를 몰고 왔다. 나라의 명운이 걸린 국제전쟁 속에서 전쟁수행에 필요한 무기개발, 공중보건, 경제개발 및 재건 등을 위한 목적으로 연방정부는 대학과 대학교수에게 많은 연구비를 지급하기 시작했다. 이 같은 기조는 2차 세계대전을 승리한 후에도 지속됐다. 전쟁을 통해 응용과학뿐만 아니라 기초학문의 중요성을 깨달으면서 연방정부는 전례없는 대규모 프로젝트를 대학과 진행하게 된다.

미국은 2차 대전 후 세계의 패권국가로 떠오르면서 지속적으로 군사적 우월성을 유지하기 위해 관련 연구를 대학을 중심으로 진행했다. 나아가 평화시대 경제성장과 미국국민들을 비롯한 인류의 삶의 복지향상을 위한 연구개발에도 적극 나서면서 대학과 연방정부와의 관계는 더 밀접해졌다. 연방정부의 대표적인 대학지원 기관은 국립과학재단(NSF-National Science Foundation)이다. 1950년 의회가 '과학의 진보를 촉진하고, 국가 건강, 번영 및 복지를 향상시키며, 국방을 확보하기 위해' 만든 독립된 연방 기관이다. 대학에 미국 경제와 관련된 연구, 국가 안보 강화, 글로벌 리더십 유지를 위한 지식 향상 등의 프로젝트에 예산을 지원한다. 연간 예산이 81억 달러(2019년 회계 연도)인 NSF가 미국 대학에 지원한 기초 연구비는 미국의 대학이 수행하는 모든 연방 지원 기본 연구비의 약 27%를 차지한다. 수학, 컴퓨터 과학 및 사회 과학과 같은 많은 분야에서 NSF는 연방 지원의 주요 자금줄이다.

지난 수십 년 동안 NSF가 자금을 지원한 연구원들은 약 236개의 노벨상을 수상했으며 기타 수많은 기초과학 관련 상을 수상했다. 미국대학들은 연방정부의 든든한 지원에다 자산가들의 기부금 등이 쌓이면서 재정적으로 유럽대학을 능가하게 됐다. 이는 궁극적으로는 연구능력 향상으로 이어져 1980년대를 전후해 미국대학 상당수가 유럽대학을 능가하거나 대등한 위치에 서게 되면서 이제는 세계대학 상위랭킹을 독차지하는 환경에 이르렀다.

한계상황과 극복노력

현재 미국의 고등교육기관은 5천 개 정도로 추산되고 있다. 이 가운데 약 40%가 커뮤니티 칼리지Community College이다. 우리나라와 비교하면 중·소도시에 산재하고 있는 2년제 전문대학과 유사하다. 단순히 고교졸업생 교육뿐만 아니라 지역사회 교육 및 혁신역량 제고 역할을 하고 있다. 나머지 60%가 4년제 대학으로 분류된다. 4년제 일반대는 학부중심대학, 연구중점대학, 연구중심대학으로 분류할 수 있는데 소위 명문대는 연구중심대학들이다. 연구중심대학은 또 60~100개 대학 정도가 명문으로 꼽히고 연구중점대학을 포함하면 250~300개 대학이 상위권대학으로 볼 수 있다.

미국의 고 3 졸업생은 연간 300만 명 정도이고, 이 가운데 3분의 2가 대학에 진학한다. 대학 진학자의 40%는 커뮤니티 칼리지에 입학하고 나머지는 4년제에 입학한다. 2017년 자료로 입학생의 52%는 사립대, 44%는 주립대를 비롯한 공립대에 진학했다.

미국대학들이 여전히 세계 10위권, 50위권, 100위권에서 강세를 보이고 있지만 1980년대부터 내재적인 문제들이 드러나기 시작해 현재는 상당히 심각한 수준에 이르고 있다. 미국대학의 위기는 미국경제의 침체와 중산층의 붕괴와 밀접한 관련성을 갖고 진행되고 있다.

미국은 1980년대 이전에서는 고교성적 25% 이내 학생들은 지역의 명문대에 진학했으나 지금은 13%로 줄어들었다. 학생들이 자기 지역 우수대에 진학할 기회가 점점 줄어들고 있는 것이다. 연방 및 주정부에 대한 교육투자가 점점 줄어들면서 학생수 증가에 따른 대학 증설, 명문대 정원완화 같은 조치가 취해지지 않아 중산층의 계층이동 사다리 역할을 하던 대학기능에 한계를 보이고 있는 것이다.

최근 변수로는 2008년 미국 금융위기가 직격탄이 됐다. 주정부의 재정지원 감소로 고등교육비 부담이 10년 전에 비해 3배 이상 높아졌다. 주정부 가운데 2019년 현재 고등교육기관 지원액이 2008년 금융위기 이전 수준으로 유지하고 있는 주는 6개 주에 불과하고 19개 주는 여전히 20% 이상 삭감된 상태를 유지하고 있다 .

명문대 진학에 대한 계층간 격차는 점차 확대되고 있다. 한 통계에 의하면 연소득이 63만 달러(한화 7억1천860만 원)인 미국 상위 1% 가정의 학생이 아이비리그에 입학할 확률은 연소득 3만 달러(3천420만 원)인 가정의 학생에 비해 77배나 높은 것으로 나타났다. 또 2017년 자료에 의하면 명문대 학생 가운데 고소득층 자녀는 25% 차지하는 데 비해 저소득층은 0.5%에 불과한 것으로 집계됐다.

스탠퍼드대·프린스턴대·컬럼비아대생 가운데 소득분위가 50% 이하인 학부생은 14% 불과했다. 명문대가 점점 고소득층의 기득권을 지키기 위한 대학으로 변해가고 있다. 한편으로 미국은 향후 필요한 대졸인력 부족이라는 현상에 직면할 것으로 우려될 만큼 고등교육의 기관이 부족한 실정이다. 그럼에도 하버드대는 매년 4만 명이 지원해 1천600명이 입학해 합격률 4.6%에 불과하고 프린스턴대 등 다른 명문대들도 합격률이 5% 안팎에 불과한 실정이다.

교육수요에 맞춰 신입생을 늘리기보다는 그들만의 성을 공고히 하고 있고, 명문 주립대도 재정난으로 저소득층의 학비부담을 경감시켜주는 데 한계를 갖고 있는 것이다. 이런 현상이 지속되면서 미국은 대학 간 빈익빈 부익부 현장이 더욱 심화되고 있고, 중산층 붕괴로 명문대는 점점 고소득층 자녀를 위한 대학으로 굳어져 가고 있다.

이런 상황 극복을 위해 미 국회에서 무상대학(Free College)과 '부채없는 대학법' 등 수많은 정책 제안이 발의되고 있다. 무상대학은 통상 2년제 전문대학인 커뮤니티 칼리지 학비 수준의 장학금을 지원하자는 정책이다. '부채없는 대학법'은 대학등록금뿐만 아니라 생활비 일부를 지원하는 등 지원 폭을 넓혀 학생들이 대출을 받지 않아도 되도록 하자는 정책이다. 이 두 정책은 주로 민주당 의원들이 많은 관심을 가지고 있다. 무상대학은 몇몇 주에서 시행되고 있다. 반면 트럼프정부는 지속적으로 교육예산 감소를 시도하고 있다.

미국은 교육자치의식이 강해 대체로 연방정부가 아닌 주정부 및 지방정부가 교육을 책임진다. 오랜 논란에도 불구하고 아직까지 교육에 관한 사항은 주정부의 권한으로 각 주 및 지방교육구의 교육위원회가 행정을 맡고 있다. 이 때문에 우리나라처럼 교육정책을 두고 정부와 지방교육청이 갈등을 일으키는 일은 거의 없으며, 전국적으로 공통된 교육제도도 없다.

그렇기 때문에 우리나라는 유치원 과정을 거치면 초등학교 6년, 중학교 3년, 고등학교 3년, 대학 2~4년 등으로 단순한데 비해 미국의 교육제도는 지역에 따라 8·4제, 6·3·3제, 6·6제 등 다양하다. 유·초·중등과정은 일반적으로 13년제(유치원 1년 포함)로 초등학교 6~8년, 중학교 2~3년, 고등학교 3~4년으로 나누어지며, 유치원과정의 의무교육여부는 주에 따라 다르다. 12년을 수료하면 단기대학(2년제) 또는 4년제 대학에 진학할 수 있다. 대부분의 주는 12년간의 무상 공교육제도가 확립되어 있다.

미국 개척자들은 종교적 자유를 찾아온 신교도였다. 정착 초기 그들의 교육적 필요는 당연히 종교를 지키고 계승·발전토록 하는 데 있었다. 그러다 미국 독립전쟁, 남북전쟁, 자본주의 발달 등의 사회변동을 겪으면서 현재의 교육내용으로 이행되기 시작했다. 미국 교육 기조는 일반적으로 민주주의 달성을 위한 수단으로 개인의 자아실현, 건전한 시민 육성, 생산적 노동자의 양성 등에 있다. 최근 들어서는 4차 산업혁명에 맞춰 사고력 향상에 중점을 두고 있다. 사실적 지식보다는 창의적 지식(아이디어)을 중요시하고, 소통능력 향상도 강조하고 있다. 미국내 상황을 반영한 다양성에 대한 존중 및 가치도 점점 중요성을 더하고 있다. 종교적·인종적·민족적 다양성에 대한 이해와 국제교류가 빈번해지면서 다른 문화에 대한 이해와 존중을 강조하는 교육이 진행되고 있다.

미국 대학은 입학시험이 없는 대신 입학자격을 다양하게 평가한다. 기본적으로 많은 대학이 요구하고 있는 것으로는 SAT(Scholastic Aptitude Test·학업적성검사) 점수다. SAT는 미국대학 입학 시 학생들의 수학능력을 평가하기 위해 대부분의 미국 대학들이 요구하는 시험이다. SAT는 영어, 수학, 논술을 평가하는 우리나라의 수능시험과 비슷한 개념이다. 미국대학은 SAT와 함께 고등학교 성적, 과외 활동기록, 학교 출석률, 추천서 등을 본다.

미국에서 좋은 대학에 가려면 일반적인 고교 성적도 중요하지만 난이도 높은 과목 선택 여부, 교내외 활동 등도 중요하다. 좋은 성적을 받기 위해 공부만 한 학생보다는 활동적이고 도전적인 학생을 선호하는 것이다. 그리고 남들과 비교되는 특정 분야의 재능, 독특한 삶의 이력 등도 명문대 입학 가능성을 높인다고 한다.

미국대학교협회(AAU)

AAU는 미국의 상위권 연구중심대학이 모여서 결성한 대학협회다. 18~19세기 말까지 당시 미국 고등교육기관들은 유럽의 주요 대학들로부터 거의 인정을 받지 못한 상황이었고, 미국 학생들은 대학원 공부를 위해 특히 독일로 유학을 많이 떠나는 실정이었다.

이에 시카고대, 컬럼비아대, 하버드대, 존스홉킨스대, 캘리포니아대는 대책마련의 필요성을 느끼고 1900년 2월 9개 대학 관계자들을 초청해 회의를 열었다. 이 때 박사학위를 수여하는 미국의 고등교육기관 가운데 모인 이들 14개 대학은 시카고대학에서 이틀간의 콘퍼런스를 통해 미국대학교협회(AAU : the Association of American Universities)를 설립했다. 시카고에서 열린 회의에서 14개 대학 관계자들은 주로 미국 고등교육의 질적 수준 향상을 위해 대학 표준화(지표화) 작업을 시작했다. AAU설립자들은 멤버를 늘리기보다는 1914년 AAU가 유럽 대학에서 인정받을 수 있는 미국대학 지표를 개발하는 등 미국대학의 수준을 높여 유럽대학으로부터 인정받는데 활동의 주안점을 뒀다.

AAU가 설립되자마자 독일 대학은 AAU 회원대학을 대학원 입학의 평가지표로 사용하기 시작했다. AAU대학의 학력을 높게 본 것이다.

미국정부 또한 1930년대 후반부터 정책 및 과학적 전문 지식을 얻기 위해 대학에 관심을 갖기 시작하면서 AAU 회원대학 중심으로 관계를 발전시켜나갔다. 2차 대전을 통해 기초과학의 중요성을 깨달은 미국은 전쟁 후 연구 자금을 대폭 확대하기 시작했고, 1950년에 의회는 NSF(국립과학재단)를 만들었는데 AAU 회원 대학이 많은 혜택을 받게 되었다.

AAU 회원 대학은 미국내 4년제 대학교 중 2%에 불과하지만 모든 연구 박사 학위의 42%를 수여하고 있다. AAU 대학들은 2017년에만 5천개의 특허를 생산하며 669개의 스타트업 창업을 육성했다. 40개의 AAU 대학이 벤처캐피털 지원 기업가를 배출하는 데 있어 상위 50위 안에 들었고, 2017년에는 490개의 신생 기업이 이들 대학이 있는 도시에서 탄생했다.

AAU 회원기준은 매우 엄격하고 까다롭다. 기존 회원대학의 4분의 3이 찬성해야 가입이 가능하다. 협회는 회원 순위를 매기고, 회원의 3분의 2가 찬성하면 순위가 낮은 대학을 퇴출시킬 수 있다. 회원

수는 엄격하게 관리돼 현재 미국 63개 대학과 캐나다 2개 대학 등 모두 65개 대학이 회원으로 있다. AAU에 가입한 대학은 미국 내에서 최상위급 연구중심대학으로 인정받는다. 하지만 까다로운 규정 탓에 몇몇 명문대는 가입하지 않거나 스스로 탈퇴하기도 한다.

매사추세츠주 주립
매사추세츠대학교 애머스트

2012년부터 가동 혁신 프로젝트 성과

매사추세츠대학교(University of Massachusetts · 약칭 UMass) 애머스트(Amherst) 캠퍼스는 5개의 캠퍼스를 가진 미국 매사추세츠주의 주립 종합대학의 메인(Flagship) 캠퍼스다. 나머지는 4개 캠퍼스는 매사추세츠대 보스턴, 매사추세츠대 로웰, 매사추세츠대 다트머스, 독립된 매사추세츠대 의과대학이다. 애머스트캠퍼스는 2012년부터 대대적인 학교 혁신 프로그램을 가동 중이다. 주정부의 지원 감소, 주변 우수학생들의 학교지원율 하락, 연구경쟁력 약화, 미국 내 인구분포 변화(학령인구 감소) 등으로 대학경쟁력이 약화되면서 개혁의 필요성이 대두됐기 때문이다.

2012년에 다단계 전략 계획 프로세스에 착수해 교직원·학생·직원·관리자로 구성된 합동태스크포스(JTFSO)를 통해 혁신프로젝트를 가동하기 시작했다. 주된 목표는 학교 경쟁력 향상, 자원의 합리적 배분, 중점연구 과제 개발 등 연구력 향상, 우수학생 및 교수진 유치 등이다. 이를 위해 학교의 자원을 효율적으로 재배분하고 새로운 연구소 설립, 학과 통폐합 및 신설, 건물 재정비 등 대대적인 혁신을 하

미국 메사추세츠 주립대 전경

고 있다. 이를 통해 궁극적으로 미국 공립대 톱 20위 안에 든다는 야심찬 계획이다. 1단계 프로세스를 성공적으로 마친 UMass 애머스트 캠퍼스는 2단계인 2018~2023년 캠퍼스 전략계획을 추진하고 있다.

대학혁신 프로그램이 성과를 보이면서 UMass 애머스트는 미국 최고의 공립 대학 위상을 강화하고 있다. 미국 뉴스&월드 리포트의 2020연례 대학 보고서에서 미국 700개 이상의 공립 4년제 단과대학 및 종합 대학 가운데 24위를 차지했다. 2010년 52위에 오른 이래, 30위에서 24위로 미국에서 가장 빠르게 성장하는 최상위 공립 연구중심대학 중 하나다. 온라인 MBA 프로그램은 미국 및 세계에서 3위를 차지했다. 2017회계연도 연구 지출은 총 2억 9천190만 달러였다. 매사추세츠주에 있는 대학 가운데 UMass Amherst는 국립과학재단의 연구 보조금 지원순위에서 MIT, 하버드대, 보스턴대에 이어 4위를 차지했다. 선도적인 연구를 진행하면서 2019 회계 연도 연구비 수주 총액이 그 전 해보다 21% 증가해 대학 사상 최고치를 기록했다. 지난 10년간 총 연구비 수주 총액은 무려 42% 증가했다.

매사추세츠대 전신인 매사추세츠농업대학(MAC)은 1863년 모릴법(Morrill Land-Grant Colleges Act)에 따라 설립됐다. 1897년에 첫 신입생을 받았다. 1931년 매사추세츠주립대로 확대되었다. 2018년 가을 기준으로 학부생 2만 3천515명, 대학원생 7천78명 등 총 학생이 3만 593명이다. 2018~2019학년도 등록금은 매사추세츠 주민은 수업료 1만 5천887달러, 주택·학식비 1만 2천626달러이며, 주 지역 외 학생은 수업료 3만 4천570달러다. 주택·학식비는 1만 2천626달러이다. 학식 수준은 2년 연속 1위를 차지할 정도로 전국 대학 가운데 단연 최고다.

인터뷰 - 존 허드 사회·행동과학대학 학장

존 허드(John A. Hird) 매사추세츠대(University of Massachusetts·UMass) 사회·행동과학대학 학장(Dean of College of Social and Behavioral Sciences)을 만나 매사추세츠대의 현재와 미래에 대해 인터뷰했다.

정치학 및 공공정책학 학자인 존 허드 교수는 5년간 정치학과 학과장으로 재직하면서 학과개편에 적극 나섰다. 글로벌화된 세력의 성장, 거버넌스와 기구(기관), 민주주의와 참여 그리고 시민권 등 현대정치 변화에 맞추어 학과 커리큘럼을 개선하고, 학부연구 프로그

매사추세츠대 애머스트 존 허드 사회·행동과학대학 학장이 인터뷰 후 포즈를 취하고 있다.

램 개설, 법학과와 통합, 혁신적인 교수 채용 등을 주도했다.

존 허드 교수는 또 사회 및 행동과학대학 학장으로 있으면서 새로운 교수혁신 프로그램을 시작했으며, 대학 내 교육 혁신을 위한 전략 조직인 테스크포스의 합동(통합) 위원회 의장을 맡아 대학 전체 커리큘럼 혁신에 적극 나서고 있다. 존 허드 학장은 한국과 한국문화에 대한 이해가 깊고, 2년 전에는 그의 저서 '세계화 논쟁(Controversies in Globalization)'이 한국어판으로 번역 출판됐다.

▶ 이번 미국대학 취재에서 매사추세츠대를 택하게 된 이유 가운데 하나는 한국의 국립대와 비교를 해볼까 하는 의미도 있다. 학

교운영은 어떻게 하는가.

"주립대학이기 때문에, 학교 지출의 20% 정도를 주 정부(Commonwealth of Massachusetts)로부터 지원받고 있다. 나머지 재정은 학비, 연구 지원비, 기숙사비, 학식비, 기타 요금 등 대학의 사적인 여러 수입들로 충당되고 있다."

▶ 주 정부의 지원을 받는 주립대이다 보니, 주 정부에서 어떠한 간섭이라거나 영향력을 행사할 것이라고 예상되는데, 주 정부와 주립대의 관계는 어떠한가.

"주립대는 주 정부의 특정한 규정을 따르게 되어 있다. 올린공대나 MIT 같은 사립대에는 적용되지 않는 것이다. UMass에는 교직원조합도 존재한다. 물품 구입부터 인사 채용에 이르기까지 대학의 거의 모든 것을 주관하는 대학이사회는 주지사에 의해 발탁되고 주지사의 지시를 수행한다."

▶ 한국은 정부의 지원을 많이 받는 대신에 대학의 자율권이 침해받는 부분이 많다. 매사추세츠대는 주정부 지원금이 20%를 약간 상회한다고 말해 상당히 놀라워서 이런 질문을 하게 됐다.

"주지사가 직접 관여하는 것이 아니라 주지사가 선임한 이사회가 대학을 주관하기 때문에 주 정부와 직접적으로는 거리가 좀 있는 편이다. 그렇기 때문에 대체로 대학의 자율 경영이 유지된다고 볼 수 있다. 누구를 채용하고, 연구 주제나 커리큘럼 자체에 대한 간섭은 거의 받지 않는다. 학교가 새로운 전공 학과를 개설하고자 하면 그

때는 이사회를 통해 승인을 받아야 하지만, 그것도 주 정부로부터 직접 승인받아야 하는 것은 아니다. 이사회나 주 정부에서 학과 개설 추천이나 권고를 하는 경우는 없다."

▶ 잦은 일은 아니겠지만, 기존 학과가 없어질 경우 교수들의 처우는 어떻게 되나.

"좋은 질문이다. 사실, 학과가 바뀌는 것은 때때로 일어나는 일이다. 종신재직권을 가진 교수들은 이론적으로는 학과 안에서 효력을 가지는 종신재직권을 잃게 되지만 실질적으로 일자리를 잃게 되지는 않는다. 거의 대부분 다른 부서로 이동하게 된다."

▶ 최근 5년 동안 신설되거나 폐지된 학과가 있는가.

"폐지된 것은 아는 바가 없지만 신설된 전공으로는 생명공학과 공공정책학이 있다. 관리경제학도 있다. 공공정책학·관리경제학 모두 저희 단과대학(College of Social and Behavioral Sciences)에 소속되어 있다. 관리경제학은 경영학에 경제학이 접목된 학문이라고 보면 된다. 학과 신설 계획은 학교 내부에서 자연스럽게 이루어지고 마지막 승인만 주 정부가 발탁한 이사회에서 받는 형식이다."

▶ 컴퓨터과학과(Computer Science)가 강세라고 했는데, 인공지능 연구도 포함하고 있는 건가.

"그렇다. 그런데 꼭 컴퓨터사이언스과만이 아니라 사회과학과에서도 인공지능 연구에 참여한다. 인공지능의 사회적 영향을 탐구한

다. 이뿐만이 아니라 대학 내의 여러 과들이 합동해서 연구를 한다. 주로 미래의 노동자와 그들의 직업이 어떻게 인공지능의 발전에 영향을 받는지에 대해서 연구한다.

매사추세츠대 애머스트(UMass Amherst)는 컴퓨터과학과 사회과학에 모두 강한 대학이기 때문에, 서로 다른 분야를 접목한 융합 연구가 활발히 진행되고 있다. 사회과학뿐만이 아니라 정치·경제적인 분야도 물론 함께 다각도로 연구되고 있다. 그리고 교육 개혁면에 있어서는 학생들이 이러한 기술 개발에 대해 인식하도록 강조한다. 인공지능만이 아니라 어떠한 분야의 기술이라도, 소비자들의 필요가 무엇인지 파악하고 그로 인한 사회적인 반향이 긍정적인 것이 되도록 하고자 노력할 수 있도록 교육하고 있다. 이것을 컴퓨터과학과 학생들이 이해하고, 사회과학쪽 학생들 또한 기술 개발이 어떻게 도래할 것인지 인식하고 사회가 그에 어떻게 적응해갈 것인지를 이해하는 과정을 거친다.

학생들이 공부하거나 연구할 때 다른 분야의 영향이 자신들의 분야에 어떻게 적용될 것인지 항상 고민하는 것이다."

▶ AI 연구 외에 다른 주력 연구 프로그램이 있는가.

"가장 중요한 연구 프로그램은 질문받은 교수에 따라 대답이 다를 수 있다. 일단 매사추세츠대에서는 그해에 특정 주제를 선정해서 연구에 주력하지는 않는다. 그런 점에서는 한국의 대학과 다르다. 한국에서는 상부에서 전달되어 내려오는 식의 연구 '테마'가 존재한다면, 이곳에서는 조금 다르다. 미국과학재단(National Science Foundation) 같은 재단에서 연구 프로젝트에 비용을 지원하는 경우에는 경제학, 사회학, 화학 등에 지정된 연구 테마가 있을 수 있다. 인공지능도 물론 그중에 하나가 될 수 있다."

▶ 그렇다면 UMass Amherst에서는 연구 주제가 어떻게 정해지는가.

"교수들의 흥미 사항 자체도 큰 부분을 차지하지만, 나머지는 해당 프로젝트에 연구비를 지원하는 단체에 달려 있기도 하다. 미국 내에서 그러한 단체들은 아까도 말씀드린 NSF(National Science Foundation), NIH(National Institutes of Health-의료분야 연구재단), 연방 정부의 부처들(에너지부, 국방부, 교통부 등)이 있다. 연구비를 쥐고 있는 당사자들인지라 연구의 우선 순위를 정할 수 있는 권한을 가지고 있는 것 역시 이 단체들이다. 그 우선 순위에 연구자들의 관심사가 맞아떨어지면 연구에 들어가는 것이다. 대학에서 '이 주제에 초점을 맞춰봅시다' 하는 식으로 주제를 정하지는 않고, 특정 주제에 관심을 가진 교수

(들)와 그에 대한 연구비를 지원하는 단체의 조합에 의해 결정이 된다고 보면 된다."

▶ Umass Amherst는 최근 혁신에 매우 적극적이다. 4차 산업혁명의 급격한 과학기술 발전으로 인해 대학 역할이 변화하고 있는 시점에서 학교 내에서 이러한 변화에 대한 공감대가 형성되어 있는지, 그로 인해 기존의 교육과 앞으로의 교육이 달라질 점에 대해서 대학 내에서 어떠한 담론이 이루어지고 있는지 알고 싶다.

"물론 아주 많은 대화들이 학부 간에 오가고 있다. 앞서 말했던 학과 간 융합 연구도 그러한 대화의 예 중 하나다. 2018년에는 미래에 관한 강연 시리즈를 열어 많은 분들을 초빙했다. 미래의 직업이나 전반적인 경제에 대해 인공지능이 끼칠 영향들의 다양한 영역에 대해 8~10명의 강연자들이 강연을 했다. 그러한 미래에 대해 학생들을 어떻게 대비시킬 것인가 하는 점에 대해서는, 문제는 무엇이 일어날지 명확히 알 수 없다는 것이다.

사람들은 변화가 있을 것이라는 점은 분명히 감지하지만, 그것이 정확히 어떤 성질의 것일지 알지 못하고 있다. 50년 뒤는 말할 것도 없이, 10년 뒤에 어떤 변화의 지점에 우리가 서 있을지 예측할 수 없는 상황이다. 그러한 변화에 대비해 미리 학생들을 준비한다는 것은 극도로 어려운 일이다. 그러므로 단순히 기술 발전에만 초점을 맞출 것이 아니라 학생들이 창의적으로 사고하고, 팀을 이루어 작업하고, 타인과 효율적으로 상호작용을 할 수 있도록 교육하는 데 주력하고 있다. 어떠한 변화가 찾아오든 그에 대해 호기심을 가지고 그것을 다양하게 활용하여 적응하는 능력을 키우는 것이 무엇보다 중요한 것이다."

▶ 한국 대학들은 학생 수가 줄어들고 학교 혁신이 사회 변화의 흐름과 사회의 필요를 따라가지 못해 혁신에 대해 좀 부정적인 기득권이 문제가 되고 있는 실정인데, 학장이 보기에 미국 대학들이 직면하고 있는 문제는 무엇인가.

"일단 미국에는 수많은 대학과 전문학교들이 존재한다. 이 중 많은 수의 학교들이 총 학생 수가 수천 명에 불과한 소규모 사립대학교들인데, 학교 자체에서 보유한 자산, 즉 기본기금(endowments)이 적어 학생들이 내는 학비에 의존도가 높아 재정적으로 매우 취약한 편이다. 기본기금(적립금)이 많을수록 장학금을 많이 준다든지, 재정운용에 여유가 많아진다. 400억 달러를 보유한 하버드대가 그 단적인 예이다. 학교의 명성이 높지 않고 기본기금이 적으면 폐교의 위험이 높아진다. 학교 '생존' 문제와 직결된다. 문제는 이렇게 문을 닫는 학교가 생기면 그곳에 다니던 학생들이 직접적으로 피해를 보게 되는 것이다. 이러한 위험이 산재해 있는 것이 미국 대학교육의 현 주소다. 10~20년 뒤에 없어진 학교들이 많이 생겨도 여전히 많은 학교들이 존재하겠지만…."

공학교육 최고의 대학
올린공과대학교

학생·교수가 함께 학교 디자인

1997년 세계적인 명문대학이 많이 있는 매사추세츠주 보스턴 근교인 니덤(Needham)에 혁신적인 공대가 설립된다. 올린공대(Franklon W. Olin College of Engineering)다. 엔지니어 출신의 사업가 프랭클린 올린의 기부로 세운 사립대로 설립된 지 불과 20년이 조금 넘었지만 전 세계에서 주목하고 있는 공대이다. 2019년 10월 기준으로 국내외 학부생 330명인 조그만 공대다. 학생과 교수 비율은 8대 1이다. 전공은 공학(Engineering), 전기 및 컴퓨터공학(Elecrtical and Computer Engineering), 기계공학(Mechanical Engineering) 3개에 불과하다. 그럼에도 전 세계에서 가장 혁신적인 공대이자 21세기 이상적인 공과대학의 모습을 구현하고 있는 올린공대 속으로 들어가 보자.

공학교육 혁신

MIT가 새로운 공학교육 혁신(NEET-New

올린공대의 전경

Engineering Education Transformation) 이니셔티브를 지원하기 위해 의뢰한 한 보고서에는 올린공대가 MIT와 함께 전 세계 공학교육의 최고 대학으로 선정됐다. 2016년과 2017년 조사를 통해 '공대교육의 세계화' 라는 연구 결과가 나왔는데 전 세계 50개 대학을 인터뷰한 결과 올린공대와 MIT가 각각 1위와 2위로 가장 많이 인용됐다. 또 US News & World Report의 대학랭킹에서 2018년과 2020년 공대 학부과정 미국 3위, Money Inc의 2019 보스턴지역 톱 20개 대학 포함, 비즈니스 인사이더의 2018 미국에서 가장 똑똑한 대학 3위 등으로 미국 명문대 반열에 올랐다. 신입생 모집정원이 75명에 불과한 소규모 학교이지만 전 세계에서 가장 혁신적인 공과대학으로 꼽힌다. 2018년 12월 학교자체 조사에 따르면 2006~2018년 졸업생들의 다수 취업기관은 구글 43명, 마이크로소프트 27명, athenahealth(아테나헬스-미국 내 의료 및 현장 진료 모바일 앱에 네트워크 지원 서비스를 제공하는 미국 회사) 20명, 아마존 15명, 애플 13명, 페이스북·HubSpot·Pivotal 각각 9명 등 많은 학생이 글로벌 플랫폼 기업에 입사했다. 대학원 진학은 하버드대 22명, MIT·스탠퍼드대 각각 21명, 카네기멜론대(Carnegie Mellon University) 18명, UC버클리대(University of California, Berkeley) 13명, 코넬대 11명 등으로 명문대로 진학했다. 또 2016~2018년 졸업생의 93%가 졸업 후 6개월 이내에 취업하거나 대학원에 진학했다. 취업한 학생들의 평균 연봉은 8만 3천345달러에 달했다.

학생들과 함께 학교 디자인

1980년대 후반부터 미국 국립과학재단(NSF-The National Science Foundation)과 공학계는 대학에 공학 교육의 개혁을 요구하기 시작했다. 성장하는 세계 경제의 요구에 부응하기 위해서, 엔지니어들에게는 사업과 기업가정신 능력, 창의력, 그리고 공학의 사회적·정치적·경제적 맥락에 대한 이해를 가질 필요가 있기 때문이다. 하지만 기존 공과대학이나 종합대학 공학학과 혁신에는 한계가 있었다. 미국내 여러 대학에 기부를 해오던 F.W. 올린 재단은 1990년대 중반 공학교육의 개혁을 위해서는 아예 혁신적인 대학을 설립하는 것이 필요하다는 결론에 도달했다. 올린공대가 탄생하게 된 배경이다.

올린공대는 개교 준비과정부터 파격적이다. 2000년 9월 교직원 채용을 완료한 올린공대는 2002년 8월 개강에 앞선 2001년에 30명의 예비신입생이라고 할 파트너 학생(Partner Students)을 뽑았다.

이들 학생은 놀랍게도 교수진과 함께 대학을 설계했다. 교수들은 이들 예비신입생에게 "올린공대를 당신만의 학교(자신이 원하는 학교)로 만들어 보세요"라고 했다. 이는 학생들의 관점에서 대학 커리큘럼과 프로그램을 짜고, 운영하려는 획기적인 시도다.

이 과정에 참여한 교수는 "교육에 대한 고정관념은 교육이 학생들이 학비를 지불하면 그 대가로 제공되는 하나의 '제품' 이라는 것인데(교육부 역시 교육은 학생들의 머릿속에 '부어 넣어주는' 개념으로 받아들여지듯이) 올린은 그 관념을 역으로 뒤집어 학생들이 자기 교육과정 개발에 능동적으로 참여하는 것에 중점을 두었다. 학생들이 수동적 역할이 아닌 자기 교육과정 창조에 능동적인 역할을 수행하도록 했다"고 말했다.

학교에서는 신입생 모집전 학생들과 같이한 이 기간을 '동업 연도(Partner Year)' 라고 한다. 이 과정은 올린공대의 학교문화 형성에 결정적인 역할을 했다. 예비학생들이 교수들과 함께 토론하며 학교를 디자인한 것은 교육 혁신에 있어서 매우 획기적인 발상이다. '학생들과 함께하는 학교' 는 올린공대의 철학이 됐다. 이들 학생은 2002년 8월 75명의 첫 신입생에 포함됐다. 학생들과 함께 학교를 디자인한 것이 올린공대 혁신의 시작이다.

1박 2일간의 데이트

올린공대의 신입생 선발과정도 예사롭지 않다. 1단계로 학생의 학업 능력 검증(서류전형)에 이어 1박 2일 일정으로 수험생이 학교에 머물며 2단계 전형을 하는 것이다. 학교 캠퍼스에서 '후보 주말(Candidates Weekend)' 을 보내게 된다는 표현을 쓴다. 이틀의 일정 동안 첫날은 학생들이 그룹을 지어 프로젝트를 수행하고,

둘째 날에는 그것을 발표한다. 이 후보 주말은 여러 가지 목적을 가지고 있는데, 그중 하나는 다른 학생들과 상호작용(협력)하는 능력을 보는 것이다. 졸업하기까지 20~30여 개의 팀 작업을 수행할 에너지가 충분한지를 테스트하는 과정이다. 올린공대에서는 항상 팀 프로젝트를 하게 되니까 협업능력을 중요하게 보고 있는 것이다. 이 과정을 통해 여럿이 함께 작업하는 것을 즐기는 성향을 가진 학생을 찾는다. 또 하나는 공학에 대한 열정과 세상을 더 나은 곳으로 만들고자 하는 의지를 가진 학생을 원한다. 후보 주말 경험을 통해 학교와 학생 간에 서로 적성이 잘 맞는지 미리 경험해 보는 것이다. 하지만 가장 큰 목적은 학생들에게 올린공대의 문화를 소개시키고 학생들에게 선택권을 주는 것이다. 학교와 학생 간 일종의 데이트 개념이다.

협업 능력 갖춘 교수

올린공대는 교수채용 시 실력보다는 협업능력을 중시하는 점이 눈길을 끈다. 보통 대학에서 채용하고자 하는 교수의 관념적인 교수상은 매우 개인주의적이고 독자적인 사람이 많다. 학자로서 이미 자기 분야의 성취도가 높아 학계에서 매우 존경받는 사람이다. 대학은 자기 분야에 대해 학문적 깊이를 갖고, 그래서 연구비 조달과 논문 출판 능력 등이 뛰어난 교수를 찾는다. 하지만 올린공대에서는 일단 주요 초점이 교수 후보의 협력 능력이 얼마나 뛰어난지, 얼마나 자기 분야의 경계를 뛰어넘어 여러 분야의 교수들과 다방면으로 협력이 가능한지를 본다. 가장 최근의 교수진 채용 인터뷰는 그룹 인터뷰 형식으로 진행되었다고 한다. 여러 명의

올린공대 학생들은 1학년 때부터 다양한 공구와 기계를 다루는 법을 익힌다. 선배가 후배들에게 기계작동법을 설명하고 있다.

교수 후보들을 한꺼번에 캠퍼스로 불러모아 한 가지 작업을 함께 하도록 했다. 그래서 협동능력과 자기 분야 외의 다른 분야 작업에 대한 적극성, 이 두가지를 주로 살펴봤다고 한다. 이는 교수들이 전문가로서의 능력보다는 감독으로서의 능력과 학생들의 능력 개발을 위한 조력자로서의 능력을 검증하기 위한 시스템이라고 한다.

자연과 공감 그리고 프로젝트 수업

올린공대 재학생 가운데 남학생 비율은 52%이고 여학생은 48%를 차지한다. 교직원도 남·여 성비율이 비슷하다. 약 10%인 34명이 외국유학생인데 아시아, 유럽, 남미 등 세계 곳곳에서 유학온 학생들이다. 이는 올린공대가 의도적으로 인적구성을 한 결과다. 학교 밖과 안의 생활에 차이가 없게 학생과 교직원 등의 성 비율, 외국인 유학생을 자연상태(외부세계)와 비슷하게 조성했다는 의미다.

이 같은 철학은 학습과정에서도 나타난다. 올린공대 신입생은 1학년부터 4학년까지 단계별 프로젝트 수업을 진행하면서 디자인 작업을 거쳐 실질적인 제품을 완성하도록 하고 있다. 이 가운데 1학년 때는 디자인 영감을 자연에서 배우도록 하고 있다. 식물과 동물의 모양, 기능, 작용 등을 유심히 관찰해서 이를 디자인하도록 하고 있다. 학문의 기초 또는 뿌리가 자연에 있는 만큼 자연에 대한 이해를 높이고 자연과 인간과의 관계를 생각하는 과정에서 영감을 얻도록 하기 위한 것이라고 한다.

고학년이 될수록 프로젝트 과정은 점점 복잡해지고 실용적인 단계로 나아가는데 그 가운데 하나는 유치원 어린이를 위한 디자인 제품이다. 올린공대 학생들은 인근 유치원에서 일정 기간 봉사를 하면서 어린이들과 함께 하는 시간을 가진다. 이후 3학년이 되면 유치원 어린이들에게 호감을 가질 수 있는 캐릭터 제작 프로젝트 수업을 진행한다. 학생들이 어린이의 세계를 얼마나 이해했는지, 그리고 그 생각을 얼마나 적절하게 디자인화했는지를 평가하기 위한 것이다.

마지막 졸업학년 프로젝트 수업은 기업체에 활용할 수 있거나 소비자가 직접 사용할 수 있는 실질적인 제품을 만드는 것이다. 4년 동안 배운 이론과 실기의 결과물인데 학생들이 만든 졸업작품 가운데는 이미 상용화됐거나 상용화를 앞둔 제품이 많다고 한다. 배움이 이론적이 아닌 이론과 실제가 함께하는 올린공대의 교육철학이 담긴 프로젝트 수업이다. 공학 외에 인문·사회학을 강조하는 융합교

마크 소머빌 올린공대 임시 프로보스트가 올린공대의 공학교육 특징에 대해 칠판에 적어가며 설명하고 있다.

육은 두말 할 나위가 없다.

인터뷰 - 마크 소머빌 프로보스트

올린공대에서 현재 교무처장 및 임시(Interim) 프로보스트(Provost-대학 교내업무 총괄직책으로 통상 총장에 이은 2인자로 인식된다.)를 맡고 있는 마크 소머빌 박사는 전기공학과 물리학을 가르치고 있다. 마크 소머빌 박사는 MIT에서 전기공학 석사, 박사학위를 받았으며 영국 옥스퍼드대에서 우수한 성적으로 물리학 학사를 받았다. 또 미국 오스틴에 있는 텍사스 대학에서 전기공학 학사(최고 성적)와 리버럴 아츠 학사를 취득했다. 이공계(전기공학)와 문과(리버럴 아츠) 학위를 가진 이중(융합) 전공자이자, 옥스퍼드대 로즈 장학생인 마크 소머빌 박사는 공학교육 혁신에 적극적이다.

마크 소머빌 박사는 전 일리노이대 명예교수이자 공학 교육의 변혁을 위한 운동으로 설립된 비영리 단체인 Big Beacon의 사장인 데이비드 골드버그와 함께 현재의 공학교육 체계 문제점을 진단한 'A Whole New Engineer'를 집필하기도 했다. 마크 소머빌 박사는 2020년 6월 8~12일 올린공대에서 전세계 참가자들을 대상으로 공학교육의 변화에 대해 설명하고 논의하는 'Olin Collaboratory Summer Institute'를 준비 중이다. 올린공대 개교에 초기부터 깊숙히 관여한 마크 소머빌 박사에게 공학교육 혁신체계에 대해 인터뷰를 진행했다.

▶ 프로보스트(Provost)께서는 학교 건립과정에 초기부터 핵심적인 역할을 한 것으로 알고 있다. 학교 설립 당시 마음에 둔 가치들에 대해서 설명 부탁드린다.

"학생들이 수동적 역할이 아닌 자기 교육과정 창조에 능동적인 역할을 수행하도록 학교를 디자인했다. 나는 교육 혁신에 있어서 이것이 매우 중요하다고 생각한다. 학생들이 자신들이 무엇을 하고 있고 무슨 생각을 하는가에 항상 질문을 던짐으로써 자신들을 발전시킬 수 있기 때문이다. 이 과정에서 학생들은 자신들의 역할을 수동적인 것에서 능동적인 것으로 바꾸어 간다. 학생으로서의 역할을 재구성한다는 점이 바로 올린공대 혁신의 특징이다."

▶ 지난 1년간 세계 여러 나라의 대학들을 취재하면서, 지금까

지 봐온 대학 가운데는 올린공대의 교육 시스템이 가장 혁신적이고 이상적이라는 느낌을 받았다. 이렇듯 혁신적인 교육을 하려면 올린공대의 교수들 역시 여타 대학과는 다른 마음가짐과 능력이 요구될 것 같다. 올린공대에서 채용하고자 하는 교수상은 무엇인가.

"어느 교수 후보가 자신이 특정 분야의 가장 중요한 인물이고 가장 전문적인 지식을 가졌다고 자부한다면, 그 사람의 가치는 학생에게 그저 자신이 아는 모든 것을 말해주는 데 있을 것이다. 올린공대에서 찾는 건 그런 교수가 아니다. 우리가 찾는 교수는 특정 분야의 전문가이기도 하지만 그와 동시에 학생들이 새로운 것을 발견하고 습득하는 것을 가장 잘 도와줄 수 있는 분들이다. 학생들에게 단순히 지식을 주는 교수보다는 학생들의 배움을 지원해주고, 동료 및 학생들과 경쟁하기보다는 협동하는 것이 올린공대에서 추구하는 교수상이다."

▶ 학교 투어과정에서 듣기로는 어떤 수업은 강의실에 다섯 분의 교수가 들어와 가르친다고 들었다.

"보트 만드는 수업을 예로 든 거 같다. 올린에서는 교수 한 명이 칠판 앞에 서서 학생들에게 이것저것 지시하기만 하는 모습은 찾아보기 어렵다. 교수인 내가 책상에 앉아 있든, 칠판 앞에 있든 항상 두세 명의 학생들이 내게 질문을 하도록 하고, 학생들이 직접 칠판에 그림을 그리는 식으로 수업을 이끌어 간다. 총장님이 즐겨하는 말씀이, '엔지니어링은 연주자와 같아서 실력을 끌어올리는 방법은 연습뿐' 이라고 한다. 음악을 어떻게 연주하는지 설명하는 강의를 듣는 것만으로는 실제로 연주 실력이 늘 수 없듯이…. 우리가 학생들 교육에 접근하는 자세가 바로 그것이다. 하면서 배우는 것이다. 물론 학생들에게 시키고 내버려 두면 알아서 배운다는 것이 아니다. 해보고, 한 걸음 물러서서 자신이 한 것에 대해 자기성찰을 하며 깨우쳐가는 것을 학교가 돕는다. 학생들이 이것저것 구상하고 만들어보는 것도 중요하지만, 만들고 나서 이게 어떻게 될 것인지, 어떻게 하면 더 좋아질 수 있을 것인지, 우리가 배운 중요한 개념들이 무엇인지 등을 스스로 생각해보는 것을 강조한다."

▶ 일반적인 대학에서 이런 방식으로 수업을 하면 교수들이 시간을 더 많이 할애해야 하고, 4년이라는 기간 안에 많은 것을 가르치려다 보니 대부분의 대학이 이러한 방식을 채택하지 않고 있다. 이러한 수업 방식으로 4년 안에 모든 과정을 충분히 마치는데 어려움은 없나.

"그 질문에는 '과연 4년제 교육과정 끝의 결과물을 어떻게 정의할 것인지' 로 답하는 것이 좋을 것 같다. 공학분야에서는 '학위를 가진 공학자를 완성하는데 필요한 최소한의 교육은 얼마만큼인가' 라는 질문을 교수들에게 물어보면 아마 6년, 심지어는 7년이란 대답이 나온다. 모든 공학도가 알아야 할 지식량에 사실상 제한이 없다는 관념이 존재한다. 하지만 현실적으론 학생들이 매년 배우는 지식을 다 기억하지는 못한다. 다만 그 시간 동안 학생들이 기억 속에 되새기게 되는 것은 '무엇을 어떻게 하는가' 이다. 정보를 처리하고, 그 정보에서 한걸음 물러서서 상황에 맞게 처리과정을 수정하는 방법을 몸에 익힌다. 커리큘럼 면에서 따지자면, 올린공대의 교육과정을 MIT의 것과 비교하면 MIT가 더 많은 '것' 들을 가르친다. 기술적

올린공대 음악동아리 학생들이 점심시간을 이용해 교정에서 클래식 연주를 선보이고 있다.

이론 내용들이 더 많다. 반면 올린공대는 '과정' 들을 더 많이 배운다. 관련 정보들보다는 무엇을 어떻게 하는지에 더 중점을 두고 배운다. 예를 들어 올린공대 학생들이 졸업하고 대학원에 진학했을 때, 처음 반응들은 '제가 올린에서 전기공학 한 과목을 수강할 동안 MIT 학생들은 세 과목씩 들었던데요? 그 애들이 아는 게 훨씬 더 많아요. 이렇게 차이가 나다니, 저희들한테 대체 왜 그러셨죠?' 라고 울상을 짓는다. 하지만 시간이 지날수록 그런 걱정은 기우라는 것을 알게 된다. 올린공대 학생들은 다방면에 걸친 과정들을 학습했기 때문에 실전에 더 강하기 때문이다. 능동적으로 배우는 것을 몸에 익힌 학생들이기 때문에, 실전에서 부딪혀 무엇을 더 배워야 하는지 스스로 파악하는 능력이 뛰어나다."

▶ 이것저것 팩트만 가르치는 것보다는 공학도로서의 사고방식을 길러준다는 의미인가.

미국 올린공대 실습실

"그렇다. 그림으로 설명하자면 삼각형의 세 꼭짓점을 '공학자로서의 사고방식' '과정의 기술', 그리고 '지식-사실, 기술 이론'을 설정해 보자. 올린은 이 가운데에서 균형을 맞추고자 한다. 어떠한 '사람'으로 거듭날 것인지, 어떤 기술들을 가지고 팀 협력을 잘 해내게 될지, 어떤 지식들을 가지게 될지 등에 골고루 중점을 두고 있다. 이 균형을 맞추려면 타협도 조금씩 필요하다. 세 가지 요소에 밸런스를 맞추려면 지식의 주입에만 몰두할 수 없다. 앞서 말했듯이 학생들이 모든 것을 다 배울 수는 없듯이 말이다."

▶ 일반적인 대학의 공대 수업 풍경과 올린공대의 수업 풍경의 차이점을 설명해 줄 수 있는가.

"수업 풍경에 대한 스테레오타입(보편적인)과 비교해달라는 질문인 듯 한데, 교수가 줄지어 앉은 학생들 앞에서 수업하고 지식이 교수에게서 학생으로 일방적으로 전달되는 일대 다수의 방식은 일반적인 대학 수업의 모습이다. 올린공대는 수업에서는 학생들의 작은 점 조직이 교실 여러 군데에 분포해 있고 그 사이를 교수 여러 명이 이동하며 지식을 교류하는 모습을 볼 수 있다. 지식의 전달 방향이 동시다발적으로 산재하고 있는 것이다. 여러 가지 주제들이 동시에 토론되어 지적 교류의 양과 다양성이 10배는 더 많다고 할 수 있다. 일반적인 수업에서라면 그 한 명의 교수가 아무리 뛰어나다고 해도, 어느 시점에서든 교실 내에서 거론되는 주제는 단 하나뿐이다. 그리고 학생들은 그 교수님의 말 한마디 한마디에 매달린다. 하지만 솔직히 말하면, 그 모든 학생들이 수업에 제대로 참여하고 있다고 할 수는 없을 것이다. 앞줄의 몇 명은 몰입해 있을 수 있겠지만 뒤쪽의 대부분은 졸고 있을 거다. 인터넷에 어느 지식이든 존재하고(ubiquitous), 그것을 찾아볼 수 있는 세상에서 학생들을 교육하는 가장 큰 가치는 그 지식을 소화하는 효율을 높여주는 것이다. 올린에서 스승이란 단순히 지식의 전달자가 아닌 감독(coach)을 자처한다. 훌륭한 지식의 전달매체는 이미 세상에 많이 존재하고 있고, 그러한 지식의 전달에 꼭 사람이 쓰일 필요는 없기 때문이다."

▶ 올린의 전공분야는 세 가지(기계공학, 전기 및 컴퓨터 공학, 일반공학)이고, 나머지는 융합교육을 하고 있다. 앞으로 새로운 학문발전이 학문분야 간의 경계를 허물었을 때에 가능하다는 철학에서 비롯된 것인가.

"이 세 전공분야만 봐도, 사실 겹치는 부분이 아주 많다. 교수들

끼리도 자주 토론하는 주제가, 사실 올린에서 전공분야는 지금 이 셋도 필요 없이 '공학' 하나만 있어도 되는 것이 아닌가 하는 것이다. 그 이유는 특히 학사 수준의 공학에서는 벌써부터 전문 분야에 집중하기보다는 포괄적인 하나의 전공만 있어도 된다고 보기 때문이다. 이런 범용적인 공학 지식은 나중에 다양한 분야의 공학에 접했을 때 지식의 활용이 더 용이하다. 오늘날의 직업은 한 분야만의 규율에 얽매이지 않는다. 그렇기 때문에 특정 분야의 지식의 심도를 키우고 싶다면 대학원에 진학해서 하는 것이 낫다고 생각한다."

▶ 한 가지 분야의 전문가를 육성한다기보다는, 공학도 그 자체로서의 정체성을 강화한다는 것인가.

"그렇다. 올린 졸업생들에 대해 자주 듣고 우리가 자랑스러워하는 평이, 하드웨어나 소프트웨어 부서 상관없이 다 커뮤니케이션이 수월하다는 것이다. 전반적인 지식의 폭이 넓다 보니 다분야의 지식의 통합에 뛰어나다는 것이다. 문제해결 측면에서도 다양한 관점에서 볼 수 있는 시각 또한 갖추고 있다."

세계 공과대학 중 가장 우수한 MIT대학교

영국 QS 등 각종 세계 대학평가 1위

MIT(Massachusetts Institute of Technology · 매사추세츠공과대)는 전 세계 공과대학 가운데 가장 우수한 대학으로 평가받고 있다. 종합대학 평가에서도 상위에 랭크돼 있다. MIT는 영국의 QS(Quacquarelli Symonds) 발표 2020년 세계 1위, The Times의 THE(Time Higher Education) 2020년 랭킹에서 세계 경제 및 비즈니스분야 1위(2년 연속) · 사회과학분야 1위, 미국의 US News & World Reports의 2020년 랭킹 미국내 3위 등 최정상급에 있다. 2019년 11월 현재 노벨상 수상자가 96명에 이르고 국립 과학 메달 수상자 59명, 국가 기술 혁신상 수상자 29명, 맥아더 펠로 77명, 튜링상(AM Turing Award) · 컴퓨팅 기계 협회(ACM-Association for Computing Machinery)에서 컴퓨터 과학 분야에 업적을 남긴 사람에게 매년 시상하는 상으로 컴퓨터과학의 노벨상이라고도 불린다. 수상자 15명 등 세계적인 고등교육기관의 위상을 강화하고 있다.

MIT는 지질학자인 윌리엄 로저스가 점점 더 산업화되고 있는 미국의 현실에서 새로운 종류의 독립적인 고등교육기관이 필요하다는 생각에 따라 1861년 설립됐다. 로저스는 실용적이고 실행 가능한 것을 강조했다. 그는 교육과 연구를 결합하고 실제 문제에 관심을 집중함으로써 전문적인 능력이 가장 잘 길러진다고 믿었다. 이를 위해 그는 새로운 교육과정을 개척했다. 오늘날 MIT 공식모토인 마음과 손(mind and hand-라틴어 mens et manus)의 탄생 배경이다. 학문적 지식과 실용적인 목적의 융합이 MIT의 강점이다.

이런 장점이 극대화된 MIT에서는 지난 150년간 기념비적인 연구성과를 일구어냈다. 실용적인 전자레인지 레이더 엔지니어링 개발, 디지털 컴퓨터를 가능하게 하는 자기 코어 메모리 구축, 아폴로 우주 프로그램을 위한 관성 유도 시스템 개발, 세계 최초의 생의학 보철 장치 개발, 최초의 독립형 홀로그램 제작, 바다에서 가장 작고 풍부한 광합성 박테리아 발견 등이 20세기까지의 성과다. 21세기 들어서도 최초의 곡예 로봇 조류(산악 및 도시 전투에서 군용으로 사용되는 작고 민첩한 헬리콥터) 제작, 고대 언어를 자동으로 해독하는 컴퓨터 기술 설계, 최대 60피트 거리의 벽을 통해 볼 수 있는 새로운 레이더 기술 시스템 구축, 양자 스핀 액체라고 하는 근본적으로 새로운 자기 상태의 존재를 실험적으로 입증, 에볼라 및 기타 바이러스성 출혈열을 신속하게 진단하기 위한 새로운 종이 스트립 진단 테스트 설계, 미래의 붕대 설계(온도 센서, LED 조명 및 기타 전자 장치를 포함할 수 있는 끈적끈적하고 신축성 있는 젤 같은 물질과 피부 변화에 반응하여 약물을 방출할 수 있는 작은 약물 전달 저장소 및 채널 약이 부족한 경우 온도를 낮추고 점등되도록 설계), 지구에 도달하는 중력파를 최초로 직접 감지, 신속하고 저렴한 고감도 진단 도구로 사용하기 위해 DNA가 아닌 RNA를 표적으로 하는 'CRISPR' 단백질 채택 등 전 연구분야에 걸쳐 선도적인 성과를 내고 있다.

매사추세츠주 케임브리지에 있는 사립대학인 MIT는 학부생 4천602명, 대학원생 6천972명 등 학생이 1만 1천574명이며 교수는 1천

56명이다. 학부생 대 교수의 비율은 3대 1이다. 2018~2019 신입생 모집에서는 2만 1천706명 지원에 1천464명이 합격(합격률 6.7%)했다. 외국유학생은 학부생 506명, 대학원생 2천905명, 교환·방문학생은 678명이다. 2018~2019학년도 학부생 수업료는 5만 1천832달러이지만 2017~2018학년도 학생 1인당 평균 MIT장학금은 5만 1천752달러로 사실상 대부분의 학생들이 학비감면(약 30%)이나 장학금(59%)을 받고 있다.

MIT신입생은 첫 학기는 A~F와 같은 학점이 부여되지 않고 합격/불합격(비기록)으로 성적이 매겨진다. 본격적인 전공을 시작하기 전에 포괄적인 지식을 얻기 위해 수학·물리·자연·사회과학·인문·예술 등 다방면의 풍부한 지식을 얻도록 1학년 프로그램이 설계돼 있다. 1학년 학생들은 'Concourse Program', 'Experimental Study Group', 'Media Arts and Sciences First-Year Program' 또는 'Terrascope' 와 같은 학습 커뮤니티에 참여할 수 있다. 2018년 졸업생의 50% 이상이 MIT에서 국제 경험(교육 및 연구)에 참여한 것으로 보고되었으며, 매년 MIT 학부생의 약 60%는 학부 연구 기회 프로그램에 참여하고, 졸업 때까지는 90%가 참여했다.

인터뷰 - 브루스 타이도르 MIT 교수

브루스 타이도르 박사는 MIT 생물공학과 및 컴퓨터사이언스과 교수로 하버드대학에서 화학 및 물리학 학사 학위를 취득했다. 영국 마샬 장학생(UK as a Marshall Scholar)으로 옥스퍼드대학에서 과학 석사 학위를 받은 후, 생물물리학(Biophysics) 박사 과정

브루스 타이도르 MIT 생물공학과 및 컴퓨터사이언스과 교수

을 위해 모교인 하버드대로 돌아 왔다. 브루스 타이도르 교수는 기본 생물 의학 연구를 통해 인간의 건강을 개선하는 데 전념하는 세계적으로 유명한 비영리 연구소로 매사추세츠 케임브리지에 있는 'Whitehead Biomedical Research Institute' 에서 4년간 화이트헤드 펠로로 있었다. 1994년 화학 조교수로 MIT에 합류하여 2001년 생물 공학 및 컴퓨터 과학 부교수, 2005년 생물 공학 및 컴퓨터 과학 교수가 되었다. 브루스 타이도르 교수를 만나 MIT의 경쟁력과 대학 공학 교육의 미래 등에 대해 인터뷰를 진행했다.

▶ 이번 미국대학 취재 주제가 대학 혁신에 관한 것이다. 우선 MIT의 혁신에 대해 전반적인 이야기를 듣고 싶다.

MIT는 전 세계 공과대학 가운데 가장 우수한 대학으로 평가받고 있다. 실용성에 중점을 둔 교육과 늘 혁신에 앞장서는 것이 대학 경쟁력을 강화시킨 것으로 보인다.

"20여 년 전(1994년) MIT 교수로서 처음 왔다. 학교의 명성이야 익히 알려진 것이었지만, 그럼에도 불구하고 처음 왔을 때 굉장히 놀라운 점이 많았던 것으로 기억한다. 무언가 확실히 다른 곳이었다.

일단 MIT는 첫 번째로 문제를 해결하는 일에 강력히 초점을 맞추고 있다. 문제 해결의 첫 단계는 그 문제가 정확히 무엇인가를 짚어내는 데에 있다. 그 문제에 대해 수업에서 가르치기도 하지만, 연구 역시 진행한다. 대체에너지, 의학, 작물생산, 컴퓨터 및 미디어 등 여러 가지 분야에서 진행된다. 전 세계의 많은 학자들이 암 완치라는 공통된 문제를 해결하기 위해 노력하고 있는데, MIT에서는 그 문제의 여러 관련된 주제들을 골라내고, 그 해법에 적합한 접근 방법을 모색함으로써 그것들이 실용적인 문제 해결을 위한 충분한 지식을 제공할 수 있을 것인가를 고민한다.

그리고 두 번째 단계, 즉 실용적인 해결방안을 탐구하는 것으로 이어진다. 단지 논문저널에 실릴 연구결과를 넘어, 세상에 영향력과 효과를 미칠 수 있는 실질적인 해결책이 될 것인가를 강구한다. 지금이야 이런 기조가 MIT에서 주류이지만, 20여 년 전에는 MIT 교수와 연구진만 그런 게 아니라 모두가 다 그랬다는 점이 더 놀랍다. 교수들의 명성이나 지위를 막론하고, 학생들 또는 심지어 교내 배관공에 이르기까지 모든 이들이 현실 속의 문제를 해결하는 것에 골몰했다. 교내 주간 신문에 학교에서 연구하는 세계적 관심이 집중된 문제의 해결에 배관직원과 그의 아이디어가 교수진들의 혁신적인 아이디어 못지않게 큰 기여를 했다는 기사도 실렸다."

▶ MIT에서는 학생이나 교수들을 위해 기업가정신 혹은 스타트업 프로그램을 운영하며 창업을 권장하고 있는가.

"그렇다. 그런 프로그램들이 많이 있다. 한 부서에서만 하는 것이 아니라, 여러 부서에서 여러 방면으로 운영되고 있다. 그래서 학생들이 어떤 프로그램이 자신에게 가장 잘 맞을지 고를 수 있는 선택지가 많다. 그중 첫 번째 예는 전기공학부와 컴퓨터과학부에서 발족한 'StartMIT' 라는 프로그램이 있는데, 매년 1월, 가을과 봄 학기 사이에 시작한다. 대부분의 학생들이 학부 경력 초기에 참여하는 프로그램이다. 스타트업, 혁신, 기업가정신 등에 대한 개론을 제공한다. 주로 학장과 같은 MIT 최고위 리더들이 주관한다. 뿐만 아니라 미국 내외의 유명 대기업 기업가들의 초청 강연을 주최하고, 한 주에 걸쳐서 혁신과 스타트업의 여러 방면에 대해 소개하기도 한다.

두 번째로는 MIT 신입생 중에는 입학 전에 이미 고등학생 때부터 이름뿐이지만 회사를 차린 경우도 많다. 그렇게 이미 창업을 시작했거나 독자적인 사업 아이디어를 가지고 있는 학생들을 돕기 위해서 제품 제조시설(공간 및 설비)을 많이 제공하고 있다. 프로토타입 제작을 지원하는 것이다. 실제 제조 과정을 통해 무엇이 가능하고 가능하지 못한지를 파악하여 시제품을 완성하고 나면 투자자들에게 소개할 수 있는 것이다. 물리적 장비와 안전 훈련 및 장비들의 사용 자격 인증 등에도 많은 비용을 투자하여 지원하고 있다. 단계별로 학생에게 필요한 지원을 제공하자는 취지다.

세 번째는 '고든Gordon 엔지니어링 리더십 프로그램' 이라고 하는데, 다학년에 걸친 장기 교육과정이다. 전공에 구애되지 않는다. 리더십, 혁신, 스타트업에 관한 정규 교육을 제공한다. 학생들은 이미 많은 것들을 배우고 있지만, 여러 해에 걸쳐 받는 수업에서는 특히 더 많은 것들을 경험해 볼 시간이 주어진다.

마지막으로, '100K(10만 달러) 경연대회' 라고 불리는 것인데 1등상의 상금이 10만 달러인, 이른바 사업 아이디어 경연대회다. 상금이라기보단 1등팀에게 주어지는 투자금의 개념이다. 1년에 한 번 열리는 대회로 학생들 주도로 운영된다. 특히 준결승이나 결승까지 진출하는 팀에게는 사업 계획 및 제안과 아이디어를 다듬을 멘토링과 지원이 아주 많이 이루어지게 된다. MIT 캠퍼스보다 훨씬 큰 범위인 보스턴 지역의 네트워크와 교류할 기회도 주어진다. 이 네 가지가 학생들이 혁신에 대해 배우고 졸업 후 스타트업 창업에 대비할 기회를 얻는 대표적인 프로그램들이다."

▶ 미국에서 MIT가 학생들의 창업이 가장 활발하고, MIT 출신 졸업생의 창업을 통한 경제적 가치 창출이 전 세계 10위권 국가의 GDP(국내총생산)와 맞먹는다고 들었다.

"전 세계 대학 중 사실 우리(MIT)가 1위다. 졸업생들이 이룬 스타트업에서 창출된 경제적 가치는 전 세계에서 GDP가 10~11위 국가를 능가한다."

▶ MIT 학생의 스타트업이 원활하게 이루어지는 비결이 학생과 교수진이 실용적인 기술을 추구하는 데다 도전정신을 접목하고, 기업가 정신 교육이나 재정지원 등을 통해서 완성되는 것이라고 할 수 있는 것인가.

"자연스럽게 결론을 내리자면 그렇지만, 내 생각에 그건 아무도 모를 것 같다. 그저 학생들을 돕기 위해 우리가 하는 모든 것에 믿음을 가질 뿐이다."

▶ MIT가 스타트업 못지않게 교육 과정 개발에서도 세계 대학 가운데 선두를 달리고 있는 것으로 알고 있다. 다른 학교들과 차별화된 MIT 교육 과정의 장점 혹은 강점은 어떤 것인가. 교육 과정 혁신을 시기적절하게 잘 할 수 있게 하는 시스템이 있다면 설명 부탁드린다.

"MIT는 다른 많은 대학들과 마찬가지로 학생들에게 지식을 전달할 새로운 기회와 방법을 많이 모색하고 있다. 그리고 모두가 최선의 방법이 무엇인지 알아내려고 노력하고 있다.

한 가지 예로 신기술 분야에서 내가 본 이(장)점의 일부는, 학생들마다 학문에 접근하는 학습 스타일과, 그 지식을 습득할 때까지 거듭해서 접하는 횟수도 다양하여 그 선택지의 폭이 넓다는 것이다.

예를 들어 내가 가르치는 모든 수업은 자동으로 영상녹화가 되어 인터넷에 올라간다. 조사에 따르면 학생들 대부분은 수업에 실제로 참여하기보다 자신들만의 속도에 자유자재로 맞춰 수업 영상으로 공부하는 것을 선호했다. 불필요하다고 생각되는 부분은 빠르게 보다가, 어려운 부분에서 잠시 멈춰 개념을 생각해보며 소화하는 시간을 가진다. 그러다가 다시 빠르게 돌려서 수강한다. 자신들의 이해 리듬에 맞춰서 수업을 듣는 것이다.

또 어떤 학생들은 사람 수가 줄어든 실제 수업에 오는 것을 훨씬 더 선호한다. 임의로 멈추고 재생하는 것보다는 실시간으로 진행되는 수업을 더 좋아하는 학생들이다. 이렇게 학생들에게 닿는 방법의 범위가 넓어져서 좋은 것도 있지만, 중요한 점은 학생들이 직접 자신들에게 맞는 방식을 선택하고 자신들이 배워야 할 내용을 자신들만의 언어로 보다 쉽게 이해할 수 있도록 스스로 재창조할 수 있다는 점이다."

▶ 좀 더 세부적인 질문을 하자면, 기존에 여러 과가 존재하여도 새로운 산업의 발전에 따라서 새로운 학과가 필요할 때 새로운 교육과정 또한 유연하게 개설해 나갈 수 있는 MIT만의 노하우가 있는가.

"좋은 질문이다. 내 생각에 MIT에서 새로운 것을 창조해냈던 때를 돌아보면, 대체로 교수진의 리더십 아래서 새로운 조합을 이끌어냈다. 내가 아는 한 예는 100년도 더 전에 MIT가 화학공학을 창설했을 때다. 그때까지만 해도 화학회사에서 약품 공장 따위를 지으려고 하면 기계 공학자와 화학자 팀을 따로 꾸린 다음 그들에게 공장 건설을 맡겨야 했다. 그런데 MIT의 누군가가 '기계공학과 화학 양쪽에 충분한 지식을 가진 사람이라면 이 일을 해낼 수 있지 않을까' 라고 제안했고, 처음엔 모두들 '아니, 아니, 아니, 두 쪽 다 부족해서 어느 쪽도 아닌 사람이 될 것이 틀림없네' 하며 반대했다. '만약 공장이 무너지거나, 폭발할 위기가 닥쳤을 때 어느 쪽에도 충분한 지식을 갖추고 있지 못해 제대로 대응하지 못할 것' 이라고…. 하지만 오늘날의 화학공학은 어느 대학교에서나 전공할 수 있는 학문이 됐다. 그것도 아주 잘 정립된 학과 과정으로서 말이다. 애플리케이션이나 웹디자인과는 다른, 지난 100년 동안 요구되어 온 광범위한 적용을 염두에 두고 가르치는 기본 학문이 되었다. 웹페이지 디자인은 필요한 기술이지만, 우리 학교에서 가르치는 기본 학문은 아니다. 좀더 최근의 예로는 생명공학이 있다. 생명과 공학이라는 기본 과학들을 토대로 수많은 실제 케이스에 생명학의 도구를 적용하여 실존하는 여러 문제들을 해결하기 위해 세워진 학과 과정이다."

▶ MIT에서 이루어지고 있는 연구 주제들은 참으로 많지만, 그 중에서도 세계적으로 선두를 달리고 있는 연구 주제를 몇 가지 뽑아줄 수 있는가.

"생각할 시간이 조금 필요할 것 같다. 일단 첫 번째로 나노기술이 있다. 최근에 대학 전체의 자원이 될 새 연구소 건물을 지었는데, 방진설비(클린룸)가 돼 나노기술소재를 만들어낼 수 있다. 다음으로는 컴퓨터과학과 인공지능이 있다.

두 가지가 결합되어 연구가 진행되고 있는데, 컴퓨터과학은 컴퓨터로 무엇을 어떻게 하는지에 대한 규율 과정으로서의 역할을 수행하고, 인공지능 부분은 특별히 유용할 것이라 예상되는 도구의 모음으로써 연구의 방향을 지시하는 역할을 한다. 그리고 세 번째로는 뇌과학이 있다. 최근에 와서 인간의 뇌를 좀 더 깊이 이해할 수 있게

되었는데, 이를 이용해 인간의 정신에 악영향을 미치는 질병에 대한 연구가 가속화되고 있는 상황이다. 이 뇌과학과 인공지능으로 융합 연구 또한 활성화되고 있는데, 연구와 교육 모두를 위해 최근에 컴퓨터학과와 뇌과학 학과 건물 사이를 연결하였다.

'지성에의 탐구(Quest for Intelligence)' 라고 불리는 연구 프로그램은 기계를 통해 사람들의 사고방식을 파악하고 또한 역으로 인력(인간지식)을 통해 그동안 인공지능에 기대해 왔던 바를 이루고자 하고 있다. 여태까지 별개로 다루어져 온 영역이지만, 최근에는 시너지를 기대할 수 있을 정도로 두 분야 다 많은 발전이 있었다고 보고 있다.

나머지 세 연구 분야는 모두 융합연구들이다. 기후과학, 환경지속성, 그리고 저탄소에너지의 융합연구가 있다. 한 학과에서 이루어지는 것이 아니라 여러 학과와 부서의 교류를 통해 연구가 이루어진다.

다음으로는 암 연구와 면역학의 융합연구다. 미국은 암과 오랫동안 전쟁을 벌여왔다. 비교적 새로 지은 코크 암연구소에서 응용 범위를 더욱 넓혀나가기 위해 같은 연구소 건물 안에서 엔지니어와 암 생물학자가 함께 연구한다는 새로운 개념을 이끌어가고 있다. 이 연구진들은 면역학에 특히 지식이 깊다는 것도 특징이다.

MIT에는 학생들을 임상의사로 키워내기 위한 의대는 존재하지 않지만, 치료 목적의 바이오메디컬 연구 분야 전반을 지원하고 있다. 마지막으로 선진 산업디자인과 제조가 있다. 실제 생산할 수 있는 기계 및 장비의 디자인을 말하는데, 의뢰인의 주문에 따라 제조가 가능하고, 또한 효율적으로 제조할 수 있는 디자인 기법을 연구하는 것이다.

3D 프린팅이 그 대표적인 기술 중 하나다. MIT에서 이루어진 가장 혁신적인 실용 문제 해결책들은 모두 기본 학문 연구를 토대로 완성된 것들이다. 엔지니어링 부서의 모든 이들은 기초과학 지식이 풍부한 학자들로, 공학 학위를 얻기 위해서는 우선 기초과학 지식을 쌓아야 한다. 그리고 문제를 해결할 힘이 그 기초과학의 기본 이해에서 나온다.

그리고 다섯가지가 더 있는데, 이 연구들을 다 말하지 않으면 내가 공정하지 않았다고 난감해질 수도 있을 것 같다. 간략하게 설명하면, 우선 색변화·경량·구김이 가능한 (자동차) 등 새로운 성질의 소재를 디자인할 수 있게 하는 재료공학과, 양자 컴퓨팅(quantum computing), 인구 밀집과 공기 오염 등 각종 문제에 대응하는 스마트 도시 및 도심 기반시설, 인문학에 컴퓨터 분석과 종합의 접근을 통해 결과물을 산출하는 디지털 인문학, 그리고 마지막으로 이론실험을 통해 예측가능성을 높이고 변수를 줄여 성공적인 개발도상국의 환경친화적 개발을 목표로 하는 정책과학 연구가 있다."

▶ 인공지능(AI) 연구에 관해 질문을 하자면, 2011년에 아까 언급한 MIT·IBM·Watson이 공동 참여한 AI Lab(컴퓨터과학+뇌과학 융합연구)이 생겼고 2019년 9월 AI(컴퓨터)대학이 생겼다고 들었다. 이 대학은 오로지 컴퓨터 관련 연구에만 헌신하는지, 아니면 타 학과의 융합연구에도 참여하는지 알고 싶다.

"슈워츠먼 컴퓨터대학은 특별한 점이 많은 곳이다. 컴퓨팅 자체를 하나의 독립적인 학문으로 취급한다는 점에 있어서 여타 학과와는 매우 다른 새로운 개념의 학과다. 인문학, 예술, 과학, 엔지니어링, 도시공학 등 MIT 내의 다른 학과에서 일어나는 모든 것에 관여하기도 한다. 통계학적 수학뿐만 아니라 AI와 컴퓨터과학의 기초 및 수치 알고리즘 등을 인문학과 비즈니스 과학, 경제, 화학, 물리 등 전산을 사용해야 하는 다른 모든 분야들을 이어주는 역할을 한다. 다만, 알고리즘 자체를 개발하지는 않는다. MIT가 그러한 기초개발과 적용의 연장선을 발빠르게 이어나갈 수 있게 하는 것이다."

▶ 조금 뒤로 돌아가는 질문이지만, MIT 학부과정의 특징은 GIR(General Institute Requirements)이라는 것이 있고, 타 대학에 비하여 시험 성적의 관리가 그다지 엄격하지는 않다고 알고 있다. 학생들에게 창의성을 격려하고 공부의 흥미를 일깨우기 위한 목적에서 비롯된 방침인가.

"GIR는 기초과학과 수학 과목 6개(필수: 미적분 2, 물리 2, 화학 1, 생물 1),

인문예술, 사회과학 과목은 8개(철학, 심리학, 미술감정, 영화, 프랑스 문학, 외국어, 경제 등 다양)를 각각 1학기 단위로, 기본필수 교양과목으로 요구한다. 대부분의 학생이 1학년 때부터 시작하는데, 이 방침에는 두 가지 목적이 있다.

하나는 대부분의 학생이 과학 관련 전공을 택한다 하더라도 인문예술과 사회과학 면에 골고루 교양을 갖추어 다재다능성을 쌓는 것이다. 한 가지에 집중한다 하더라도 다른 분야를 등한시하지 않는 것을 추구하는 것이다. 과학쪽 방면으로는 MIT의 모든 학생이 동일한 핵심 지식을 보유하게 되는 것을 목표로 한다.

하나의 교육 커뮤니티 안에서, 어느 학년의 학생이든 간에 모두 동등한 수준의 미적분, 화학, 생물, 화학 등의 지식을 갖추어 특정 학문의 비유나 농담을 들었을 때 모두가 공감할 수 있을 정도로 말이다. 이러한 수준에서도 전공 분야를 막론할 수 있는 학업적 공감대(코드)는 이루 말할 수 없을 만큼 가치 있고 특별한 것이다. 학생들이 나중에 자기 전공과는 거리가 있는 문제를 접하였을 때, 이러한 깊은 교양 지식은 매우 유용하게 사용될 수 있다."

▶ 어리석은 질문이지만 MIT가 세계 최고의 공과대학이 된 비결은 무엇인가. 현명한 답을 부탁드린다.

"처음에 언급했듯이 문제 규명에 주목하고 그 문제를 해결하고자 하는 노력이다. 그리고 하나를 더하자면 세상에 변화를 가져오기 위해 남들보다 한 발을 더 내디딜 의지와 용기다. MIT의 교풍에 아주 깊게 새겨진 정신이기 때문에, 교육과 연구 모두에 큰 영향을 끼치고 있다고 생각한다. 대학 자체의 혁신도, 학생들의 활발한 창업 노력도 모두 그 일환이라고 말씀드릴 수 있을 것 같다."

MIT AI대학

MIT는 2019년 9월 소위 AI대학을 개설·운영에 들어갔다. 2018년 10월 새로운 단과대학(학부)인 컴퓨터대학 설립을 발표한 후 1년 남짓 만이다. 소위 AI대학이라 불리는데 정식명칭은 'MIT 스티븐 A. 슈워츠먼 컴퓨터대학'(Stephen A. Schwarzman College of Computing·AI대학)으로 MIT가 약 11억 달러를 투자했다. 이 예산 가운데는 세계적인 자산 운용사인 블랙스톤Blackstone의 회장이자 CEO·공동 창립자인 스티븐 슈워츠먼Stephen Schwarzman의 3억 5천만 달러 기부금도 포함돼 있다. 2018년 10월부터 학부운영 방향에 대한 본격 논의를 시작해 2019년 9월 학기에 개교했다. 새 캠퍼스는 2022년 완공 예정이다.

학부(대학) 개설 목적은 AI대학에서 새롭고 혁신적인 교육 프로그램을 만들어 문화적, 윤리적, 역사적 의식을 가진 창의적인 컴퓨터 엔지니어링Computational Engineering 사상가와 활동가를 육성해 인간의 가치에 기초한 공통의 이익을 위해 기술을 사용할 수 있게 한다는 구상이다.

컴퓨팅과 AI는 세계 경제의 모든 부분에 점점 더 연결되고 있으며 경제의 디지털 부분은 다른 분야보다 훨씬 빠르게 성장하고 있는 현실에서 MIT가 과거와 현재에도 그래왔듯이 세계과학 발전을 선도하기 위해 야심차게 설립한 것이 AI대학이다. 컴퓨팅과 AI발전을 선도해온 MIT가 미래를 향한 큰 도약을 위해 학부과정의 AI대학을 설립하기로 한 것이다. 세계 공학교육을 리드하고 있는 MIT의 당연한 선택으로 받아들여진다. AI대학은 MIT가 사회를 변화시킬 수 있는 책임감 있고 윤리적인 기술 진화의 세계적인 리더로 부상하는 데 일조를 할 것으로 전망된다. 나아가 MIT가 큰 비중을 두고 있는 국가 경

쟁력과 안보 강화에도 핵심적인 역할을 할 것으로 보인다.

MIT역사에 있어 전환점이 될 AI대학은 전기공학 및 컴퓨터과학과(EECS), 컴퓨터 과학 및 인공 지능 연구소(CSAIL), 데이터·시스템 및 사회 연구소(IDSS), the MIT Quest for Intelligence(뇌과학과 인공지능 융합 연구), MIT-IBM Watson AI Lab, 전산 공학 센터 등 MIT 핵심학과(부)와 연구소가 참여했다. 이들 기존 학과 및 연구소 교수 25명과 신규 교수 25명 등 50명의 교수(Faculty)로 진용이 짜였다. 앞으로 MIT의 모든 학부에 걸쳐 공동 교육, 연구 및 혁신을 위한 체계를 구축하고 제공한다. AI대학은 연구원들이 컴퓨터 과학, AI 및 광범위한 학문 분야에서 이러한 연구를 주도할 수 있도록 지원한다.

AI대학은 나아가 정치학 및 언어학부터 인류학 및 예술에 이르기까지 공학·과학을 넘어서는 분야에서 첨단 컴퓨팅 지식과 기능을 활용한 현재와 미래 연구도 촉진한다. 이를 통해 교육, 환경, 윤리, 디자인, 재무, 건강, 음악, 제조, 정책, 보안, 운송 등에 대한 선도적인 연구를 진행한다는 것이 MIT의 구상이다. 지능 과학 및 공학에 중점을 둔 뇌, 정신 및 기계 센터, 최적화, 통계와 같은 분석 방법을 적용하는 운영연구센터와 같은 MIT의 관련 이니셔티브와의 활발한 연계를 통해 건강 관리에서 운송 및 제조에 이르기까지 의사 결정을 향상시킬 수 있는 학습 및 확률통계를 제공할 방침이다.

AI대학은 또 컴퓨팅, 특히 AI의 사회적·윤리적 책임에 관한 문제도 핵심적으로 다룬다. 이 새로운 아이덴티티를 개발하려면 기존 프로그램을 확장하고 새로운 프로그램을 구축해야 한다. 이 새로운 프로그램 중 일부는 윤리와 컴퓨팅의 교차점을 탐구한다. 최소한의 윤리 및 사회적 영향을 주제로 학부 연구 범위, 윤리 및 AI 대학원생, 학문 간 교수 협력 지원, 다른 대학·정부·산업 및 저널리즘 등 다양한 집단에 관련 지식과 정보 등을 제공한다.

예술분야에 경쟁력을 가진
예일대학교

학부생 전원 4년간 기숙사 생활

예일대 뿌리는 식민지 성직자들이 유럽 자유 교육의 전통을 구현할 현지 대학을 설립하려는 노력을 했던 1640년대로 거슬러 올라간다. 이후 1701년 코네티컷 주의회는 대학설립 헌장을 제정했으며, 이에 따라 코네티컷 근처 세이브룩Saybrook에서 칼리지어트 스쿨Collegiate School로 개교했다. 미국 고등교육기관 가운데 하버드대, 윌리엄 앤 메리대에 이어 세번째로 설립된 대학이다. 417권의 서적·영국왕 조지 1세의 초상화 기증과 많은 기부금을 낸 엘리후 예일Elhu Yale을 기념해 1718년에 예일칼리지Yale College로 개명했다. 여느 미국대학처럼 초기에는 성직자 양성을 위한 교육과정이 중심이었으나 차츰 종합대학으로 발전해 1861년 미국 최초로 박사학위를 수여했다.

미국의 오랜 명문대학들과 마찬가지로 강력한 인문·예술학문을 기반으로 학부교육이 진행되고 있다. 학부생들은 소위 리버럴 아츠Liberal Arts에 기초한 교육을 받으며, 학부생은 입학 때 14개의 기숙사 대학(Residential College) 가운데 한 기숙사에서 임의로 배정되면 졸업 때까지 생활한다. 예일의 기숙사 대학을 통해 학생들은 소규모 학교의 응집력과 친밀감을 경험하면서도 대학의 문화 및 대규모 학술 자료를 접할 수 있다. 75년이 넘는 역사를 자랑하는 예일의 기숙사 시스템은 예일대의 가장 두드러진 특징 가운데 하나다. 예일대생은 졸업 후에도 기숙사와의 관계를 유지한다. 각 기숙사 대학에는 자체 식당, 도서관, 컴퓨터 클러스터, 피트니스 센터 및 음악 실습실이 있다. 모든 기숙사에는 자체 헤드(HOC-Head of college)와 학장(Dean)이 있으며 둘 다 예일 교수진이다. 헤더는 기숙대학 최고책임자이고 학장은 학생들에게 학업과 대학생활 등에 대한 개인 고문역할을 한다.

예일대는 학부인 예일칼리지와 일반대학원, 13개 전문대학원으로 구성돼 있으며, 2018~2019학년도 기준 학부생 5천964명, 대학원 및 전문대학원생 7천469명, 유학생 2천694명(123개국), 교수 4천739명이다. 로스쿨, 미술대학원, 건축대학원, 연극대학원 등 미국내 최정상급이며, 건축·미술·음악 등 예술분야에 경쟁력을 갖고 있다. 의학대학원, 산림환경대학원 등 나머지 전문대학원들도 평판이 높다.

글로벌화에 따라 국제적 이슈 및 환경문제 등에 대한 연구 및 국제협력을 지속적으로 강화하고 있으며, 다양한 연수 및 교육 프로그램을 통해 국제적 이슈에 대한 접근과 학술교류, 인맥교류 등에 적극 나서고 있다.

이 가운데 예일대와 싱가포르국립대가 2011년 공동으로 싱가포르에 설립한 예일-싱가포르 국립 대학(Yale-NUS College)이 눈길을 끈다. 한 학년 250명, 140명의 교수, 180명의 직원으로 예일대처럼 학생들은 4년간 기숙사(Residential College)에서 생활한다. 싱가포르 및 영주권자와 유학생 비율은 약 50대 50이고, 학생 대 교수 비율은 8대 1이다. 평균 수업 규모는 18~20명이고, 총 커리큘럼의 약 30%가 리버럴 아츠 교육이다. 2018 졸업생 150명 가운데 약 15%가 컬럼비아대,

MIT(Massachusetts Institute of Technology), 싱가포르국립대(NUS), 캘리포니아대, 로스앤젤레스대(UCLA)와 같은 세계 최고의 교등교육기관에서 석사 및 박사 과정을 밟고 있다. 케임브리지대, 옥스퍼드대, 예일대 대학원으로도 진학했다.

또 하나 주목할 점은 2019년 4월 6일 발표한 예일이사회(Yale Board of Trustees) 결정 사안이다. 이날 예일이사회는 예일대 잭슨국제문제연구소(Jackson Institute of Global Affairs)를 전문대학원(Yale Jackson School of Global Affairs)으로 전환하는 것을 승인했다.

그동안 잭슨국제문제연구소는 학부생들에게 오늘날 가장 시급한 글로벌 과제를 해결하기 위한 사회과학연구기법을 제공하는 학제간 교육을 하고 있었다. 거의 모든 학부생이 수강할 수있는 대표적 학제간 프로그램이었는데 기후 변화, 전쟁과 평화, 민족 갈등, 불평등, 이주 등이 점점 전 세계적으로 중요한 이슈가 되어감에 따라 전문대학원 체제로 전환하기로 한 것이다. 이는 1976년 경영대학원(Yale School of Management) 설립 이후 무려 43년 만으로 2022년 가을학기에 개교를 목표로 하고 있다.

예일잭슨글로벌학교(Yale Jackson School of Global Affairs)는 경제, 정치 과학, 인문학, 법률 및 공중 보건과 같은 다양한 학문 및 전문 분야 교수가 참여하며, 예일대의 강점인 축적된 글로벌 연구를 기반으로 하여 국제 이슈에 대한 접근을 강화할 것으로 전망된다.

인터뷰 - 카렌 피어트 예일대 미디어 담당이사

예일대(Yale University)는 미국 동부 코네티컷 주 뉴헤이븐시에 위치한 소위 아이비리그 사립대학 가운데 하나다. 월

리엄 하워드 태프트(27대), 제럴드 포드(38대), 조지 H. W. 부시(41대), 빌 클린턴(42대), 조지 W. 부시(43대) 등 5명의 미국 대통령이 예일대 출신이고, 졸업생과 교수를 포함해 52명의 노벨상 수상자를 배출했다. US NEWS &WORLD REPORTS 2020년 세계대학랭킹 12위·미국 내 3위, 상하이교통대학의 2019세계대학학술순위(ARWU) 11위, 영국 QS랭킹 세계 17위, 영국 THE랭킹 세계 8위 등 세계 정상급 대학이다. 졸업 후 6개월 이내에 95.2%가 취업 또는 대학원으로 진학하고, 미국에서 풀 타임으로 일하는 졸업생들의 평균연봉은 6만 4천18달러다. 상위 5개 취업처는 금융 서비스, 교육, 컨설팅, 기술 및 건강 관리분야다. 카렌 피어트 예일대 미디어 담당이사(Director University Media Relations)를 만나 예일대의 경쟁력에 대해 취재했다.

▶ 요즘 전 세계적으로 STEM(Science, Technology, Engineering and Mathematics)에 더 주목하는 편이라 인문계열 학문들은 홀대받는 추세인데, 예일은 인문·예술·사회학이 전통적으로 강세라고 들었다. 이렇듯 예일대 학사과정 혁신의 100년 전통 중 하나인 세계적으로 유명한 예일의 리버럴 아츠(Liberal Art)에 대하여 알고 싶다.

"그렇다. MIT와 저희가 다른 점은 STEM 등 과학과목을 전공하는 예일대생이라도 보통 STEM 지식보다 전반적인 인문학 지식을 많이 쌓게 된다. 예술, 인류학, 사회학 등의 과목을 기본적으로 이수하도록 요구하고 있고, MIT나 스탠퍼드, 폴리텍처럼 STEM에 주력하는 학교에서는 잘 찾아볼 수 없는 리버럴 아츠 과목들이 폭넓게 개설되어 있다. 예를 들어 핀터레스트(Pinterest-이용자 자신이 관심 있어 하는 이미지를 핀으로 집어서 스크랩하듯 포스팅하고 다른 이용자와 공유하는 소셜 네트워크 서비스·2010

년 1월 서비스 개시)의 창업자가 예일대 졸업생이다. 예일대 졸업생이라서 기술적인 주제나 문제들을 보다 창조적인 관점에서 접근할 수 있었던 것으로 보고 있다. 예일을 독특하게 하는 점이 바로 이것이다. 강력한 리버럴 아츠 베이스가 보다 다방면 교육으로 창의적인 학생을 만들고, 과학과 기술 방면에도 능통한 학생들을 길러낸다. 그러므로 리더십을 요구하는 어떤 자리에서든 원활히 기능할 수 있는 인물로 육성되는 것이다."

▶ 예일대는 에세이 쓰기, 21세기 교육 트렌드에 따른 통계학적 추론, 그리고 외국어 배우기에 집중한다고 들었다. 더 자세한 설명 부탁드린다.

"예일대는 학생들에게 몰입되고 협동적이며 고무적인 환경을 제공하여, 잘 훈련된 폭넓은 지성을 키울 수 있게 함으로써 어느 직업을 선택하여도 성공할 수 있게 한다. 그리고 예일대 학생들은 의미 있는 일을 위해 필요한 가치관과 지식을 얻고 졸업 후에도 평생 배움의 열정을 가지고 성공적인 인생의 목표를 찾아간다. 학부생 때 새로운 종을 발견하거나, 특허를 취득하고 독창적인 연구의 공동 저자가 되기도 한다. 예일에는 의대뿐만 아니라 사이언스 힐Science Hill, 웨스트 캠퍼스West campus 등에서 노벨상 수상자들에게서 배울 기회를 얻는다. 그들의 연구실에서 공부하며 '위대한 지성'에 정기적(상시적)으로 접촉할 수 있다. 학생들은 또한 예일에 있는 동안 국제적 경험을 쌓을 수 있다. 다른 많은 대학처럼 다양한 해외에서의 배움의 기회나 국제 인턴십, 연구 기회들이 있다. 학생들에게는 글쓰기와 과학 프로그램, 지도 학습, 특별 세미나 등 다양하고 특별한 학문적 기회 중에 고를 수 있는 선택지가 주어진다."

▶ 예일대에서 학문간 경계를 허문 융합 교육 프로그램을 소개해 줄 수 있나.

"예를 하나 들자면 현재 의학과 의료인문학에 있어 예술, 음악, 문학, 드라마, 문예창작, 철학 그리고 역사를 이용한 의미있는 접근들이 이루어지고 있다. 의료 관련 종사자들의 삶을 풍요롭게 하고 관찰 능력을 향상시키며, 타인의 관점을 이해하도록 돕고, 사회의 관심사와 염려를 밝히고, 의료에 태생적으로 발생하는 불확실성에 대해 고심하는 방안을 제공할 수 있는 것이다.

예일의 여러 학과 교수와 학생들이 협력하는데, 간호대학, 예술대학, 브리티시 아트 센터, 예일 아트 갤러리, 예일 뉴 헤이븐 병원 등이 포함된다. 예를 들어 브리티시 아트 센터에서는 교수들이 수업의 일환으로 의대 1학년 학생들을 데리고 가서, 아트 갤러리의 고도로 세밀한 예술 작품들을 감상하게 하며 관찰 능력을 키워준다.

그리하여 환자를 진찰하고 진단을 내릴 때 도움이 될 능력을 기르는 것이다. 진단에 필요한 능력(관찰 능력 등)을 이 수업들을 통해 길렀기 때문에 환자의 문제가 무엇인지 더 잘 파악할 수 있게 되는 것이다. 그리고 예일환경인문학 이니셔티브(Yale Environmental Humanities Initiative)는 역사, 문학, 종교학, 영화 미디어, 인류학 그리고 예술사와 음악사 등 여러 분야의 학자들을 연결하는 역할을 하여 모두가 문학이 자연과 결합하는 방법에 대한 이해를 넓히기 위해 노력한다.

과학과 인문학의 프랭키 프로그램(Frankie Program in Science and Humanities)은 인문학의 근본적인 질문들은 과학의 기본적인 통찰이 있어야 하고 그러한 의미있고 과학적인 탐구는 또한 인본주의적인 지식에 의존한다는 확신 아래 건립되었다. 그리하여 강의, 컨퍼런스, 학부 수업, 교수진 세미나 등을 지원하여 학자들을 한데 불러모으고 더 넓은 예일 커뮤니티의 학생들과 시너지를 일으키는 일종의 연합을 만들어낸다."

▶ SAL2(Scholars As Leaders &Scholars As Learners)에 대해 설명 부탁드린다.

"예술과 과학 교수진들이 학자, 선생, 그리고 대학 구성원으로서 성장을 계속하게 하는 프로그램의 총칭이다. 예술·과학 학부(Faculty of Arts and Sciences·이하 FAS) 교수진의 성장(능력향상)을 위한 프로그램이다. 혁신과 뛰어남을 계속 키워나가기 위해, 그리고 학과와 프로그램들의 경계를 뛰어넘는 협동과 커뮤니티를 쌓기 위한 것이다. 저희 교수진의 탁월함을 기리고 유지하려는 목적도 있다."

부연 설명하면, SAL2는 '교수가 교수를 가르치고, 교수가 학생이 되는' FAS에서 진행하는 획기적인 교수진의 학제간 교육 프로그램이다. 교수들이 자신의 교수법과 지적능력 향상을 위해 일정기간 학생의 위치로 돌아가서 수업을 듣도록 하는 것이다.

2018년 가을학기부터 도입됐는데 학제 간 이해 및 연구촉진의 의미도 있다. 프로그램은 한 학기 동안 최대 3명의 교수는 수업과 연구부담에서 해방되어 자신이 공부하고 싶은 과목을 학부나 대학원에서 들을 수 있는 제도다.

교직원이 교실 반대편 책상에서 학생으로 학기를 보낼 수 있는 것이다. 교수는 한학기 동안 2~3과목(비 학점 방식으로) 수업을 듣는다. 또 교수 아카데미 미니 코스는 FAS 교수가 5월 마지막 2주 동안 일주일 코스의 강좌를 개설하고 희망자들이 수강하는 프로그램이다. 매년 최대 5개의 코스가 제공된다.

▶ 예일 교직원 불독의 날(Yale Faculty Bulldog Day)도 일맥상통하는 느낌이다.

"아시다시피 예일대의 마스코트는 '핸섬 댄Handsome Dan' 이라는 이름의 불독이다. 이틀 전에 이 사무실을 방문했는데, 안타깝게 놓쳤다. 실제 살아있는 개다. '불독 데이' 그 자체는 매년 예일대 교수진이 참여하는 행사로, 교수진 불독 데이스(Faculty Bulldog Days)라고도 불린다. 교수들이 자신의 교실을 다른 동료 교수들에게 오픈하는 형식인데, 인문학 교수의 수업에 의대 교수가 참관하기도 한다. 공개적인 수업을 하는데 그 의의가 있다. 매일 예일대에서 이루어지는 심도 있는 지식의 장을 관찰할 기회가 되어 본교 학자들의 커뮤니티 유대 형성에 기여하고 있다."

아이비리그 명문대
컬럼비아대학교

컬럼비아대학교(Columbia University)는 미국 뉴욕시의 맨해튼에 있는 사립대로 아이비리그 명문대이다. 1754년 킹스 칼리지King' s College로 설립되어 1784년에 컬럼비아대학교로 변경했으며, 뉴욕시 대학 내에서 먼저 설립된 대학이고 미국에서 다섯 번째로 오래된 고등 교육 기관이다.

컬럼비아 칼리지Columbia College, 공대(Columbia Engineering-정식명칭 Fu Foundation School of Engineering and Applied Science), 그리고 제너럴스쿨(School of General Studies) 등 학부에는 3개 대학이 있다. 컬럼비아 칼리지는 컬럼비아 대학에서 가장 오래된 단과대학으로 고교 졸업 후 바로 입학하는 대학이다. 인문, 사회, 자연과학, 예술학 등의 전공이 있다. 컬럼비아 공대는 의미그대로 공과 대학이다. 응용과학과 공학 전공이 있다. 제너럴스쿨은 컬럼비아대의 독특한 학부대학이다.

원래 평생교육원으로 시작하여 1947년 이후, 전쟁에서 돌아오는 군인들을 위한 정규 학부로 바뀌었다. 이후 장기휴학 후 복학한 학생, 고교 졸업 후 시간이 많이 지나 입학한 학생(만학도)들을 위한 단과대학으로 발전했다. 총 학부생 수는 6천202명이고 이 세 개 학부 가운데 절반정도가 컬럼비아 칼리지 학생들이다. 학부생 기준 학생 대 교수의 비율은 6대 1이고 수업의 70% 이상이 수강학생수가 20명

미국 뉴욕시에 있는 컬럼비아대는 전 세계 최상위 대학 중 하나로 평가받고 있다. 컬럼비아대 상징의 하나인 옛 중앙도서관. 현재는 사무실과 방문자센터가 있으며, 매년 퓰리처상 시상식이 1층 홀에서 열린다.

미만이다. 거의 모든 재학생(95%)이 4년 내내 캠퍼스에 거주한다.

13개 전문대학원 가운데 컬럼비아 비즈니스 스쿨(경영대학원)을 비롯, 로스쿨, 저널리즘스쿨, 의학대학원, 건축대학원, 공공정책대학원 등은 미국내 최상위 클라스에 속한다. 퓰리처상(Pulitzer Prize)은 매년 컬럼비아대에서 시상식이 열린다. 미국 내 신문 저널리즘과, 문학, 음악 등에서 매년 가장 높은 기여를 한 사람에게 주어진다. 컬럼비아대 언론대학원(저널리즘스쿨) 풀리쳐상 선정위원회에서 진행한다.

20세기 들어 혁신을 거듭하고 있는 컬럼비아대는 21세기형 도시형캠퍼스라할 맨하탄빌ManhanttanVille 캠퍼스 조성이 한창이다. 2022년 완공을 목표로 진행되고 있는 맨하탄빌 캠퍼스는 다양한 학문분야를 통합하여 사회가 직면한 문제를 해결하고 지역사회의 시민 생활공간으로 활용하기 위해 건축되고 있다. 학제간 연구소, 창의적 사고를 위한 비전 공간, 예술대학의 창의성을 구현할 수 있는 렌페스트센터(Lenfest Center) 등 첨단기능을 갖춘 시설이 들어설 예정인데 학제간 경계를 허문 연구와 21세기가 요구하는 학문적 탐구 등을 통해 컬럼비아대학이 세계 최고대학으로 성장한다는 야심찬 계획이다.

컬럼비아대학은 US NEWS & WORLD REPORTS 2020 미국내 대학랭킹 3위, QS 2020랭킹 세계 18위, THE 2020 랭킹 세계 16위 등 세계 정상급 대학이다. 미국 대통령 시어도어 루스벨트와 프랭클린 D. 루스벨트, 그리고 미국 최초의 흑인 대통령 버락 오바마 등 3명의 대통령과 많은 정·재계인사를 배출했다. 동문, 교수, 전직 교수 가운데 84명이 노벨상을 수상했다. 현재 7명의 노벨 수상자가 학생들을 가르치고 있다.

인터뷰 - 래리 잭슨 컬럼비아칼리지 부학과장

제1차 세계대전은 1918년 11월 11일 독일이 항복하면서 종료됐다. 막판에 미국까지 가세한 유럽 제국주의 국가들 간의 전쟁에서 약 1천만 명이 죽고 2천만 명이 부상을 당한 근대역사에서 유래를 보기드문 대규모 전쟁이었다. 이로 인해 미국내에서 세계가 멸망을 재촉하고 있다는 사회분위기가 만연해 있었다.

이 같은 환경에서 제1차 세계대전 종료 다음 해인 1919년 컬럼비아대학에서는 전문지식을 강조하는 기존 교육 커리큘럼에 변화가 필요하다는 것을 느끼고 교과과정 개편에 들어갔다. 100년 역사를 자랑하는 컬럼비아대학의 상징인 '코어 커리큘럼Core Curriculum'이 탄

컬럼비아대 컬럼비아 칼리지 학부 프로그램 및 코어 커리큘럼 교무부의 래리 잭슨 (Larry Jackson) 부학과장.

생된 배경이다.

전대미문의 비극적 전쟁으로 혼란스러워하는 학생들에게 인류와 지구촌에 대한 이해, 삶의 가치관 확립 등에 필요한 지식을 제공해야 한다는 것이 당시 코어 커리큘럼을 만든 컬럼비아 대학 교수들의 생각이었다. 그 전까지 대학교육은 보다 더 세분화된 전문화에 집중하는 분위기였는데, 컬럼비아의 코어 커리큘럼을 만든 교수진은 당면한 재난에 대처하기 위해서는 세밀한 기술과 전문지식만이 아니라 다방면에 능한 인재상이 필요하다고 보았다.

그래서 코어 컬리큘럼은 전문지식보다는, 학생들이 평생 배움의 기술을 습득하여 더 잘 학습하고, 적응하고 진화하여 새로운 문제들에 잘 맞설 수 있도록 '지혜'를 기르는 데 도움이 되는 내용으로 짜여졌다. 그래서 탄생한 그해(1919년) 첫 커리큘럼은 '전쟁과 평화의 연구(War and Peace Studies)' 였다. 래리 잭슨Larry Jackson 컬럼비아칼리지 학부 프로그램 및 코어 컬리큘럼 교무부 부학과장(Associate Dean of Academic Affairs, Core Curriculum and Undergraduate Programs Columbia College)을 만나 인터뷰를 진행했다.

▶ 세계 유명 대학교의 혁신 프로그램을 취재하고 있다. 컬럼비아대의 코어 커리큘럼에 대해 설명 부탁드린다.

"일반적으로 컬럼비아에서 코어 커리큘럼이라고 하면 모든 학부생들이 기본적으로 수강하는 5개의 강좌를 일컫는다. 1학년 때 1년 과정으로 문학 인문학(Literature Humanities)을 배운다. 서양의 문학과 철학 작품들을 공부하는 강좌다. 2학년에도 역시 1년 과정으로 현대 문명(Contemporary Civilization)이 있는데, 역시 수천 년간 이어져 온 서양의 철학적이고 정치적 주안점을 가진 서적들을 공부한다.

다음 두 강좌는 음악 인문학(Music Humanities)과 예술 인문학(Art Humanities)인데, 이것들은 한 학기에 걸쳐 듣는 수업들이다. 학부 기간 중 학년 상관없이 어느 때에나 들을 수 있는 강좌들로 서양음악사와 서양미술사를 공부한다.

마지막으로 다섯 번째 강좌는 '프런티어 사이언스(Frontiers of Science)' 강좌로, 모든 학생들이 1학년 때 듣는 수업이다. 과학의 4가지 분야에서 각각의 최첨단 연구들을 접하게 된다. 과학자들이 연구를 하는 방법과 과학적 인식론에 대한 개괄적인 소개다. 학생들의 교양 필수 과목은 외국어 쓰기나 또 다른 과학 관련 수업 등 더 있다. 하지만 질문하신 '코어(핵심) 커리큘럼' 은 방금 소개드린 다섯 가지다."

▶ 인문, 사회, 예술, 과학분야 기본 소양을 가르치기 위한 것인가?

"그렇다. 그리고 이러한 코어 커리큘럼이 어떻게 작용하는지를 주목할 필요가 있다. 한 클래스당 22명 정도로 작은데다 모든 학생들이 이 수업을 듣기 때문에 이 수업을 중심으로 학교에 하나의 커뮤니티를 형성하게 되기 때문이다. 동시에 같은 것을 공부하기 때문에 배우는 주제나 관련 서적들에 관해 토론하는 분위기가 자연스럽게 형성된다. 그리고 코어 커리큘럼은 100년 전으로 거슬러 올라간다. 그렇기에 이런 커뮤니티는 수 세대에 걸쳐 형성된, 50년 전에 컬럼비아대를 다녔던 학생들도 이 수업들 대부분을 들었고, 같은 서적들을 읽었다. 그래서 이 학업 커뮤니티는 현재 재학생들뿐만이 아닌 이전 여러 세대들을 아우르고 있다.

한 집안의 몇 세대가 모두 컬럼비아에 다닌 경우도 찾아볼 수 있다. 이 학업 커뮤니티가 사회에 나가 영향력있는 인물이 되기도 한다. 가장 좋은 예로는 버락 오바마 전 대통령이 있다. 하지만 강조하고 싶은 것은, 학생들이 코어 컬리큘럼을 이수함으로써 얻는 구체적인 능력이 존재한다. 독서, 작문, 발표 등을 많이 하기 때문에 그러한 기본적인 부분에서 골고루 훈련이 이루어진다. 그래서 나는 핵심교과가 학생들의 상상력을 자극하고 기르는데 도움을 준다고 생각한다. 규율과 집중력 등 최근의 온갖 소셜미디어와 같은 디지털 기기들로 인한 산만함에 맞서 절실히 필요한 속성 또한 갖추도록 해주고 있다."

▶ 코어 커리큘럼이 100년 역사를 가지고 있다고 말씀하셨는데, 조사한 바에 따르면 세계사적 고비마다 새로운 과정이 추가되

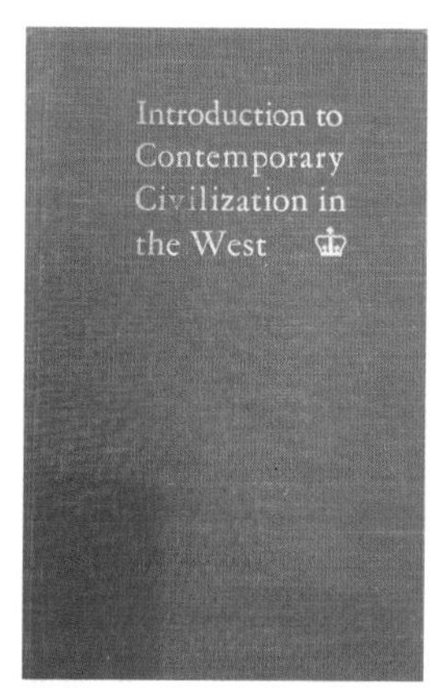

컬럼비아대 코어 커리큘럼 교재의 하나인 '서구 현대 문명 소개' 책 표지.

어 지속적으로 업데이트되는 과정을 거쳤다고 한다. 보통의 학교는 한 번 교육과정이 정해지면 시대변화를 따라가는 일이 드문데, 컬럼비아대는 시대상에 맞게 변해가는 것이 인상깊었다. 그것이 가능한 이유는 무엇인가?

"교수진 내에서도 지속적인 대화의 주제이기도 하다. 내 생각에 코어 커리큘럼에는 변화와 현상 사이에 매우 창조적인 긴장감이 존재한다고 본다. 코어 컬리큘럼이 학생들에게 그토록 효과적으로 잘 기능하는 이유에는 지난 100년간 이어져 온 일관성과 더불어 융통성을 가지고 세상의 변화에 잘 적응하는 균형을 가진 것이다. 실제 시스템으로는, 코어 컬리큘럼을 가르치는 교수진들이 3년마다 모여 위원회를 열어서 교수요목(syllabus · 교수학습계획서)의 전반적인 검토를 진행한다. 그리고 새로운 작품이 추가되어야 하거나 그동안 가르쳐 온 레퍼토리 없애거나 수정할 것인지를 토론한다. 1919년 프로그램 시초부터 그래왔다."

▶ 4차 산업혁명이 시작되고, 특정 산업에서의 인력이 시대에 뒤져 도태되는 상황이 올 것을 우려하고 있다. 컬럼비아의 코어 커리큘럼이 이러한 사회적 혼란에 대하여 어떻게 바라보고 있으며, 또 어떻게 대처하고 있나?

"그러한 혼란들에 대한 가장 직접적인 답변은 아마도 '프런티어 사이언스Frontiers of Science' 수업에서 이루어질 것이다. 기술과 기후변화 등 온갖 과학 관련 질문 주제들이 토론되는 수업이기 때문이다. 하지만 미래를 내다보고 미래의 문제를 해결할 가장 좋은 방법은 바로 과거의 문제들을 이해하고 그를 위해 제안된 다양한 해결책들을 공부하는 것인데, 바로 코어 커리큘럼의 문학, 인문학, 그리고 현대 문명의 기본 철학이 바로 그것이라는 게 아이러니다. 몇 가지 구체적인 예를 들자면, 현대 문명의 경우에는 학생들이 과학적 혁명에 대해서 공부한다. 1차 산업혁명에 대해서도 공부하고, 성 아우구스티노가 420년 로마의 멸망에 대해 서술한 것도 배운다. 역사에서 인류가 씨름한 순간들, 극복할 수 없을 고난이라고 여겼던 일들의 유사성에 대한 서적들을 읽는다."

▶ 코어 컬리큘럼 교수(core scholar)들은 본인 전공분야가 따로 있는데 코어 커리큘럼 수업을 병행해서 가르치는 것인가?

"그렇다. 핵심교과를 가르치는 교수들은 자기만의 특정 분야가 따로 있다. 하지만 자기 전문분야 밖의 것들도 가르친다. 물론 전문분야와 확연히 동떨어진 학문을 가르치지는 않는다. 학생들에게 적용되는 학문적 평등주의 정신이 교수에게도 연장되어, 지식을 창출하는 커뮤니티의 일원이 된다. 단순히 지식의 전달이 아니라, 지식을 만들어내고 그것을 연구하는 과정에서 오는 배움들의 복합적인 노력인 셈이다."

▶ 학생들에게 요구되는 학문적 평등주의가 교수에게도 적용된다면, 교수들도 가르치지는 않더라도 자기 분야 외의 지식의 폭을 넓혀야 하는 것 아닌가?

"물론이다. 교수들에게 항상 듣는 이야기이기도 하다. 코어 커리큘럼이 본인 연구의 심도에 미치는 영향이라던가, 관심가는 연구 주제가 확대되었다든지 하는 이야기를 한다. 나만 해도, 내 전공 분야는 철학이고 지금 문학 인문학 코어 수업을 가르치고 있다. 그 수업에서 다루는 문학 작품들을 철학 연구에 포함시키고 있는데, 내가 직접 읽어보고 학생들과 토론해 보지 않았다면 하지 못했을 방법들로 접목하고 있다."

▶ 현재 전공이 많이 세분화된 (한국)대학들이 직면하고 있는 융합교육을 보다 용이하게 할 수 있는 시스템을 코어 커리큘럼에서 찾을 수 있을까?

"그렇다. 이제 남은 평생의 경력을 다 커버할 수 있는 기술을 갖추도록 준비해주는 대학의 개념은 시대에 뒤떨어진 것이 되었다. 5년 전까지만 해도 존재하지 않던 기술들과 그에 따른 직업들이 대두되고 있어, 특정 분야의 특정 기술을 평생 써먹도록 학생들에게 가르칠 필요가 더 이상 없게 되었다. 이제는 학생들이 타인과 협력하고, 스스로 배우며, 변화에 적응할 수 있게 해야 한다. 인간의 수명이 늘어나고 일도 더 오래(정년 연장) 하게 되면서, 학생들이 앞으로의 일생 동안 활용해야 할 주요 기술(덕목)이 이것이다. 이것이 미래의 교육이 표방하는 바라고 생각한다. 세분화된 전문지식을 가르치는 것에서 벗어나, 더 나은 인재가 되기 위한 폭넓은 교육으로 옮겨가는 것이다."